Ab 8. Schuljahr

Friedhelm Heitmann

Die Russische Revolution 1917

AF286987

Klar strukturierte Arbeitsblätter für einen informativen Überblick

Lernen mit Erfolg

KOHL VERLAG

www.kohlverlag.de

Die russische Revolution 1917
Klar strukturierte Arbeitsblätter für einen informativen Überblick

4. Auflage 2022

© Kohl-Verlag, Kerpen 2015
Alle Rechte vorbehalten.

Inhalt: Friedhelm Heitmann
Grafik & Satz: Kohl-Verlag
Druck: farbo prepress GmbH, Köln

Bestell-Nr. 11 776

ISBN: 978-3-95686-765-1

Bildquellenverzeichnis:

Seite 6: © commons.wikimedia.org; Seite 7: © Bundesarchiv, Bild 183-S01260; Seite 7: © commons.wikimedia.org; Seite 8: © commons.wikimedia.org; Seite 11: © Sergei Ivanovich Borisov - commons.wikimedia.org; Seite 12: © Boasson and Eggler St. Petersburg Nevsky 24 - commons.wikimedia.org; Seite 13: © commons.wikimedia.org; Seite 14: © Bundesarchiv, Bild 183-71043-0003; Seite 14: © John Jabez Edwin Mayall - commons.wikimedia.org; Seite 16: © Bundesarchiv, Bild 183-19400-0029; Seite 19: © furfur und alphathron - wikipedia.org; Seite 21: © wikipedia.org; Seite 23: © Harris & Ewing - commons.wikimedia.org; Seite 24: © LeitnerR - Fotolia.com; Seite 25: © Kristallstadt - commons.wikimedia.org; Seite 25: © LeitnerR - Fotolia.com; Seite 26: © commons.wikimedia.org; Seite 27: © commons.wikimedia.org; Seite 28: © commons.wikimedia.org; Seite 29: © Bundesarchiv, Bild 183-71043-0003; Seite 30: © ISBN 9780805052947 - commons.wikimedia.org; Seite 33: © nl-Gebruiker-Markv - commons.wikimedia.org; Seite 34: © commons.wikimedia.org; Seite 38: © mozZz - Fotolia.com; Seite 39: © Bundesarchiv, Bild 183-R92623; Seite 40: © commons.wikimedia.org; Seite 40: © Maria Nikolaevna of Russia - commons.wikimedia.org; Seite 43: © Julmin - commons.wikimedia.org; Seite 44: © commons.wikimedia.org; Seite 47: © Bundesarchiv, Bild 183-R14433; Seite 47: © Ivan Vasilyevich Simakov - commons.wikimedia.org; Seite 48: © LeitnerR - Fotolia.com; Seite 48: © Paulista - Fotolia.com; Seite 48: © sdecoret - Fotolia.com; Seite 49: © Bundesarchiv, Bild 183-71043-0003; Seite 50: © ISBN 9780805052947 - commons.wikimedia.org; Seite 50: © commons.wikimedia.org; Seite 52: © typomaniac - Fotolia.com; Seite 53: © Sylverarts - Fotolia.com; Seite 56: © Deno - Fotolia.com

Unsere Lizenzmodelle

Der vorliegende Band ist eine Print-Einzellizenz

Sie wollen unsere Kopiervorlagen auch digital nutzen? Kein Problem – fast das gesamte KOHL-Sortiment ist auch sofort als PDF-Download erhältlich! Wir haben verschiedene Lizenzmodelle zur Auswahl:

	Print-Version	PDF-Einzellizenz	PDF-Schullizenz	Kombipaket Print & PDF-Einzellizenz	Kombipaket Print & PDF-Schullizenz
Unbefristete Nutzung der Materialien	x	x	x	x	x
Vervielfältigung, Weitergabe und Einsatz der Materialien im eigenen Unterricht	x	x	x	x	x
Nutzung der Materialien durch alle Lehrkräfte des Kollegiums an der lizenzierten Schule			x		x
Einstellen des Materials im Intranet oder Schulserver der Institution			x		x

Die erweiterten Lizenzmodelle zu diesem Titel sind jederzeit im Online-Shop unter www.kohlverlag.de erhältlich.

Inhalt

Die Russische Revolution 1917
Klar strukturierte Arbeitsblätter für einen informativen Überblick   –   Bestell-Nr. 11 776

KOHL VERLAG

Inhalt

Die Russische Revolution 1917
Klar strukturierte Arbeitsblätter für einen informativen Überblick   –   Bestell-Nr. 11 776

KOHL VERLAG

Vorwort

Liebe Kolleginnen, liebe Kollegen,

willkommen im vorliegenden Band! Dieser befasst sich, ja setzt sich intensiv auseinander mit der Februarrevolution (1917) und der Oktoberrevolution (1917) in Russland.

Behandelt werden dabei auch die Vorgeschichte sowie die Auswirkungen dieser beiden kurz hintereinander folgenden Ereignisse. Vor allem die Oktoberrevolution (1917) ist weltpolitisch bedeutsam, denn dadurch wurde in der Praxis die sozialistische/kommunistische Bewegung ausgelöst, die wesentlich das Geschehen im 20. Jahrhundert beeinflusste.

Angesichts dieses Tatbestandes ist es schon erstaunlich, dass mittlerweile die russischen Revolutionen von 1917 in so manchen bundesdeutschen Lehr- und Bildungsplänen sowie in geschichtsorientierten Schulbüchern der Sekundarstufe I nur kurz oder überhaupt nicht zur Sprache kommen.

Wie dem auch sei, dieses präsentierte Werk bietet vielfältige Informations- und Arbeitsblätter sowie schließlich zwei Tests (auch einsetzbar als Klassenarbeiten) zur genannten Thematik. Die Materialien entstanden wieder einmal im Laufe meiner langjährigen Tätigkeit als Lehrer. Für Kritik und Verbesserungsvorschläge zu den Materialien sei im Voraus gedankt.

Möge der dargebotene Band dazu beitragen, die Vergangenheit besser zu verstehen und daraus für die Gegenwart sowie Zukunft zu lernen.

Viel Freude und Erfolg beim Einsatz der vorliegenden Kopiervorlagen wünschen Ihnen der Kohl-Verlag und

Friedhelm Heitmann

*Mit den Schülern bzw. Lehrern sind im ganzen Heft selbstverständlich auch die Schülerinnen und Lehrerinnen gemeint!

Bedeutung der Symbole:

 Einzelarbeit
EA

 Partnerarbeit
PA

 Schreibe ins Heft/ in deinen Ordner

 Arbeiten in kleinen Gruppen

 Arbeiten mit der ganzen Gruppe

Bestell-Nr. 11 776

Die Russische Revolution 1917
Klar strukturierte Arbeitsblätter für einen informativen Überblick

KOHL VERLAG

1 Die Herrschaft der Zaren

Russland wurde unter dem Zaren Peter I. (der Große,1672-1725) eine Großmacht in Europa. In Russland bestand mehrere Jahrhunderte lang die Herrschaft der Zaren (Zar = Herrschertitel). Der jeweils an der Spitze des Staates stehende Zar oder die Zarin regierten das Land autoritär. Dies bedeutet(e): Sie bestimmten selbst als Diktatoren die Politik und verlangten von ihren Untertanen unbedingten Gehorsam. Vereinzelte Versuche, die Zarenherrschaft zu lockern oder sogar zu beseitigen, scheiterten. Ein Beispiel dafür: Im Jahr 1825 misslang in der russischen Hauptstadt Sankt Petersburg ein Aufstand (Putsch!) von Offizieren, einen freiheitlichen liberalen Staat zu schaffen. Wer sich gegen die Zarenherrschaft auflehnte, musste den eigenen Tod einkalkulieren.

Der Zar Alexander II., der wohl 1861 in Russland die Leibeigenschaft aufheben ließ, wurde 1881 von der Organisation „Land und Freiheit" ermordet. Doch die Zarenherrschaft blieb in Russland bestehen. Der nachfolgende Zar Alexander III. (Herrschaftsdauer: 1881-1894) hielt an der diktatorischen Staats- und Regierungsform fest. Nach dessen natürlichem Tod setzte der erbberechtigte Sohn als Zar Nikolaus II. die unumschränkte Herrschaft fort. Auch er war – wie durchweg alle russischen Zaren und Zarinnen – bestrebt, das russische Reich zu vergrößern.

Alexander II.

EA

Aufgabe 1:   *Ergänze die folgenden Satzanfänge zu vollständigen Sätzen.*

a) Die Zaren ... _____

_____

b) Offiziere versuchten 1825 ..._____

_____

c) Widerstand gegen die Zarenherrschaft ..._____

_____

d) Die Organisation „Land und Freiheit" ... _____

_____

e) Der Zar Nikolaus II. ...   _____

_____

EA

Aufgabe 2:   *Fasse den Text „Die Herrschaft der Zaren" in höchstens fünf Sätzen zusammen. Schreibe in dein Heft/in deinen Ordner.*

Die Russische Revolution 1917
Klar strukturierte Arbeitsblätter für einen informativen Überblick   –   Bestell-Nr. 11 776

KOHLVERLAG

2 Die Revolution von 1905

Die Folgen des Russisch-Japanischen Krieges 1904/1905

Im Krieg gegen Japan (1904/1905) erlitt Russland in Ostasien eine deutliche militärische Niederlage. Dadurch wurde die Wirtschaftslage in Russland noch schlechter. Die Versorgung mit Lebensmittel brach zusammen, vor allem in den Großstädten. Menschen mussten hungern. Auch waren Arbeiter (besonders Industriearbeiter) unzufrieden wegen langer Arbeitszeiten und schlechter Bezahlung. Unzufriedenheit gab es unter anderem aufgrund nicht dem Volk gegebener Rechte wie Rede-, Presse-, Versammlungsfreiheit, politische Mitbestimmung durch Wahlen.

Russisch japanischer Krieg

Derartige Gründe führten 1905 in Russland zu einer Revolution. Diese Revolution wurde durch den sogenannten „Blutsonntag" in Sankt Petersburg ausgelöst. Dabei wurden ganz viele friedliche, unbewaffnete Demonstranten (~1000), die dem herrschenden russischen Zaren Nikolaus II. eine Bittschrift zur Verbesserung der Lebensbedingungen überbringen wollten, von Soldaten des Zaren erschossen. Danach kam es ebenfalls in so manchen anderen russischen Großstädten zu Streiks und Aufständen wegen schlechter Lebensbedingungen, außerdem auf dem Land durch Bauern zu Unruhen.

Arbeiterräte *(= Sowjets)* bildeten sich in Großstädten, um die Zarenherrschaft zu beseitigen.

In Bedrängnis versprach Zar Nikolaus II. eine Verfassung für Russland, dazu eine Volksvertretung *(= Parlament)* zu ermöglichen. Andererseits ließ Nikolaus II. immer mehr Soldaten einsetzen. Diese schlugen schließlich die Revolution gewaltsam nieder, zumal die Aufständischen landesweit nicht genügend organisiert sowie nicht ausreichend ausgerüstet waren.

1906 kam wohl die Volksvertretung (Duma genannt) erstmals zusammen. Jedoch besaß die Duma wenig politischen Einfluss. Von der Duma beschlossene Gesetze bedurften der Zustimmung des Zaren, um in Kraft gesetzt zu werden. Der Zar Nikolaus II. löste wiederholt die Duma auf. Im Jahr 1907 ließ Nikolaus II. ein neues Wahlrecht (Klassenwahlrecht) für die Wahlen der Abgeordneten zur Duma einführen. Das Wahlrecht bevorzugte die Adligen und Reichen, denn deren Stimmen zählten im Verhältnis gesehen mehr, als die der weniger Besitzenden. Die Konservativen erlangten (auch somit) die Mehrheit in der Duma.

Militär vor dem Winterpalast am sog. Blutsonntag

Bestell-Nr. 11 776

Die Russische Revolution 1917
Klar strukturierte Arbeitsblätter für einen informativen Überblick

KOHL VERLAG

2 **Die Revolution von 1905**

EA

Aufgabe 1: *Nenne verschiedene Gründe für die Revolution von 1905!*

_____

_____

_____

_____

_____

EA

Aufgabe 2: *Was war der Auslöser für die Revolution?*

_____

_____

_____

_____

_____

EA

Aufgabe 3: *Wie verlief diese Revolution?*

_____

_____

_____

_____

EA

Aufgabe 4: *Wie verhielt sich der Zar Nikolaus II.?*

_____

_____

_____

_____

Zar Nikolaus II.

Die Russische Revolution 1917
Klar strukturierte Arbeitsblätter für einen informativen Überblick – Bestell-Nr. 11 776

KOHL VERLAG

PA

Aufgabe 5: *Was denkt ihr – was fällt euch ein, wenn ihr dieses Bild betrachtet? Schreibt eure Gedanken unten auf.*

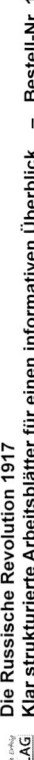

Demonstranten in St. Petersburg am sogenannten Blutsonntag (1905)

_____

_____

_____

_____

PA

Aufgabe 6: *Was ist mit dem Begriff „Blutsonntag" gemeint? Erkläre!*

_____

_____

Die Russische Revolution 1917
Klar strukturierte Arbeitsblätter für einen informativen Überblick – Bestell-Nr. 11 776

KOHL VERLAG

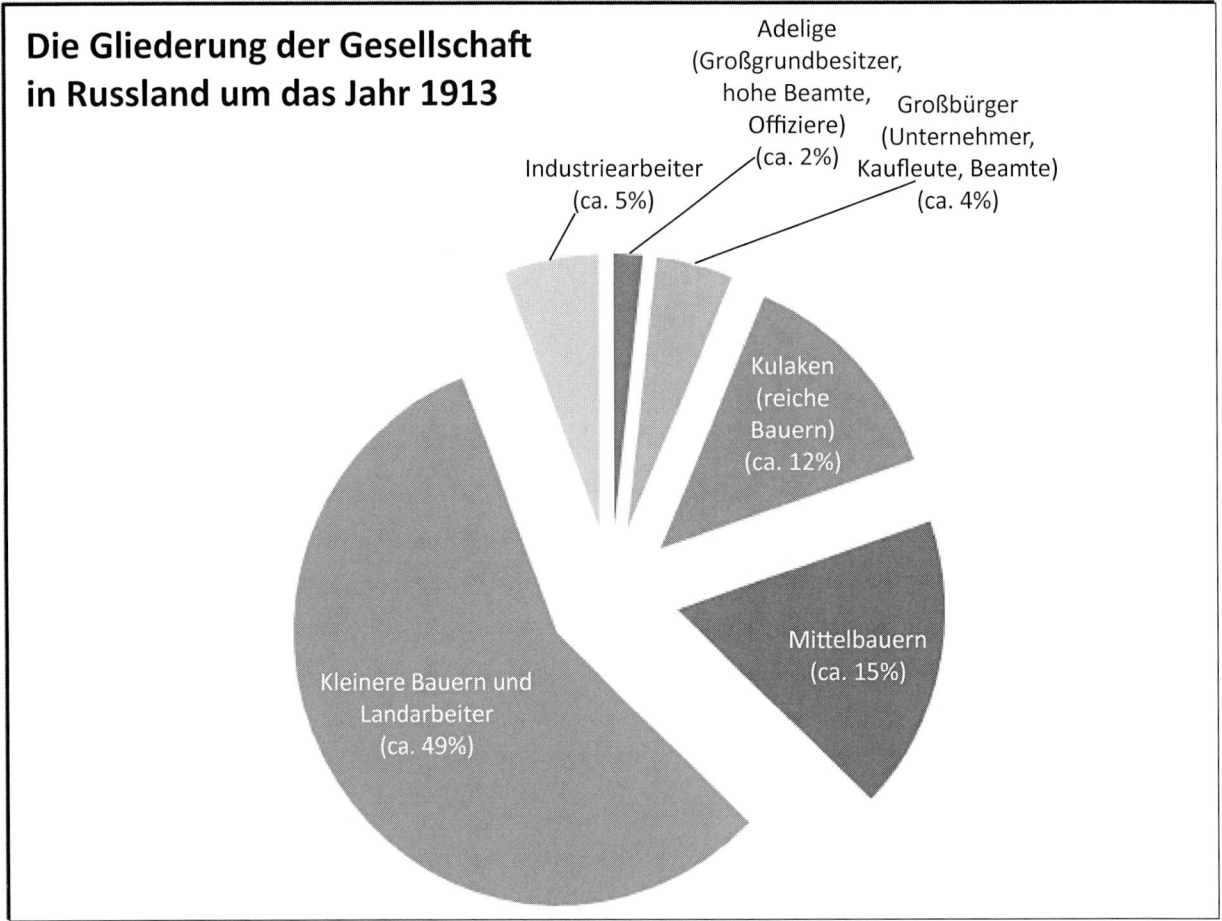

Die Gliederung der Gesellschaft in Russland um das Jahr 1913

Adelige (Großgrundbesitzer, hohe Beamte, Offiziere) (ca. 2%)

Großbürger (Unternehmer, Kaufleute, Beamte) (ca. 4%)

Industriearbeiter (ca. 5%)

Kulaken (reiche Bauern) (ca. 12%)

Mittelbauern (ca. 15%)

Kleinere Bauern und Landarbeiter (ca. 49%)

Zahlen aus Informationen zur politischen Bildung Nr. 178, S. 21 (vereinfacht)

EA

Aufgabe 1: *Was besagt das obere Diagramm?*

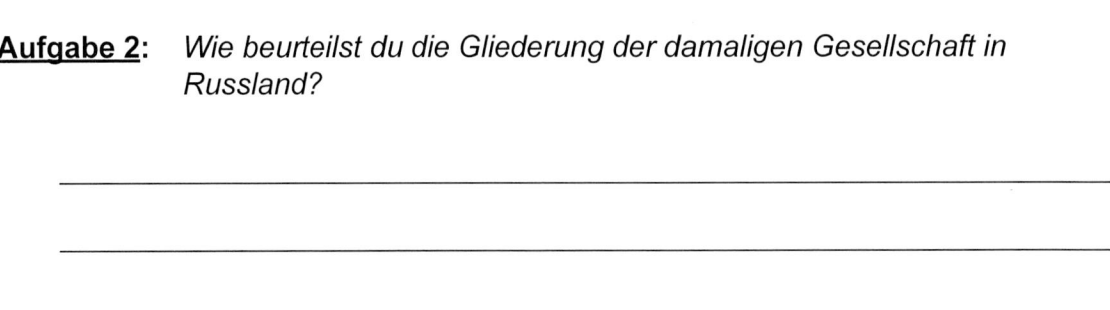

EA

Aufgabe 2: *Wie beurteilst du die Gliederung der damaligen Gesellschaft in Russland?*

Die Russische Revolution 1917
Klar strukturierte Arbeitsblätter für einen informativen Überblick – Bestell-Nr. 11 776

KOHL VERLAG

Die Bevölkerung und Gesellschaft in Russland

Die Bevölkerung Russlands nahm etwa Mitte des 19. Jahrhunderts stark zu, sie stieg auf über 160 Millionen um das Jahr 1913. Russland war schon damals ein Vielvölkerstaat. Im Land dominierten die Russen. In Russland leb(t)en aber auch viele andere Völker und Volksgruppen: Ukrainer, Polen, Tataren, Kasachen, Usbeken, Armenier....

Armenische Frau um 1910

Die Gesellschaft in Russland war gegliedert *(vergleiche Diagramm auf Seite 10).* Zwischen den einzelnen Gesellschaftsschichten gab es wenige Wechsel. Adlige und Großbürger führten in der Regel ein unbeschwertes Leben, etliche in Saus und Braus in Schlössern, auf großen Gutshöfen oder in prachtvollen Villen. Demgegenüber wohnten die Massen der Bauern und die Industriearbeiter gewöhnlich in schrecklichen Verhältnissen und hatten nur wenig zu essen, mussten oft hungern. Zwar waren die Bauern im Jahr 1861 durch die Aufhebung der Leibeigenschaft persönlich frei geworden. Aber die meisten Bauern hatten nicht genug Geld, um sich dann ausreichend Land zur Bewirtschaftung und

Kasachen 1913

zum Verdienen des Lebensunterhaltes zu kaufen. So manche Bauern verschuldeten sich und wurden noch ärmer als zuvor. Einen Teil der Bauern zog es notgedrungen in die Industriestädte (Sankt Petersburg, Moskau, Donezk, Baku....), um dort als Fabrikarbeiter Geld zum Leben zu verdienen. Oft wurden sie in den Fabriken durch Unternehmer ausgebeutet. Sehr viele Kleinbauern und Fabrikarbeiter waren damals Analphabeten und blieben es bis an ihr Lebensende.

Aufgabe 3:   a) *Wahr oder falsch? Kreuze die richtigen Aussagen an.*

EA

1. ☐ Die Bevölkerungszahl in Russland nahm ab ca. 1850 stark zu.

2. ☐ In Russland lebten nur ganz wenige verschiedene Völker und Volksgruppen.

3. ☐ Durch die Aufhebung der Leibeigenschaft (1681) ging es vielen Bauern nicht wesentlich besser.

4. ☐ Es gab sehr große soziale Gegensätze in der Gesellschaft.

5. ☐ Manche Bauern wurden Fabrikarbeiter in Industriestädten.

6. ☐ Fast alle Bauern und Fabrikarbeiter konnten lesen, schreiben und rechnen.

b) *Korrigiere die falschen Aussagen auf der Blattrückseite.*

Die Russische Revolution 1917
Klar strukturierte Arbeitsblätter für einen informativen Überblick – Bestell-Nr. 11 776

KOHL VERLAG

3 Bevölkerung und Gesellschaft in Russland um 1913

Oppositionelle

EA

Aufgabe 4: *Setze die folgenden Begriffe in den Lückentext ein.*

> Ausland – Herrschaft – Nikolaus II. – Oppositionelle – Polizei –
> Reformen – Russland – Sibirien – Staaten – Widerstand

a) Im Zeitraum der Herrschaft des Zaren Nikolaus II. (1894 bis 1917) regten sich in Russland Kritik und _____ .

b) Oppositionelle kritisierten die zaristische _____ .

c) Manche setzten sich für (maßvolle) _____ ein.

Familie von Zar Nikolaus II.

d) Andere wollten _____ ganz umwandeln, es sollte gänzlich zum Umbruch kommen.

e) Einem Teil der Oppositionellen schwebte ein Russland orientiert an im übrigen Europa bestehenden _____ vor.

f) Demgegenüber gab es _____ , die sich von diesen Vorstellungen total distanzierten.

g) Trotz erheblicher, ja wachsender Kritik hielt der Zar _____ an seiner autoritären *(= autokratischen)* Herrschaft fest.

h) Der Zar ließ durch die_____ (vor allem durch die Geheimpolizei) die Bevölkerung verstärkt überwachen.

i) Etliche Oppositionelle kamen ins Gefängnis und/oder wurden nach _____ verbannt.

j) Von daher zogen es nicht wenige Oppositionelle vor, ins _____ zu gehen und von dort aus tätig zu werden. Dies tat auch Lenin.

Die Russische Revolution 1917
Klar strukturierte Arbeitsblätter für einen informativen Überblick   –   Bestell-Nr. 11 776

Lernen mit Erfolg
KOHL VERLAG

4 Die russische Wirtschaft

Die Industrialisierung breitet sich aus

Ab circa 1890 setzte in Russland in stärkerem Maße die Industrialisierung ein. Doch Russland blieb noch mehrere Jahrzehnte überwiegend ein Agrarstaat. Andere Staaten wie Großbritannien, Deutschland und Frankreich waren damals weitaus mehr industrialisiert.

Etliche Industriebetriebe in Russland waren relativ groß und für die damalige Zeit technisch modern ausgestattet. Dies lag vor allem daran, dass die Anlagen der Industriebetriebe aus dem Ausland eingeführt worden waren oder wurden. Auch gehörten so manche Industriebetriebe ausländischen Unternehmern.

Transsibirische Eisenbahn

Im Zuge der Industrialisierung wurde in Russland das Eisenbahnverkehrsnetz ausgebaut. So entstand im Zeitraum 1891 bis 1916 die von Moskau nach Wladiwostok verlaufende Eisenbahnstrecke der Transsibirischen Eisenbahn.

Abgesehen von einigen größeren Industrieräumen herrschten in Russland in der Wirtschaft jedoch die Landwirtschaft und das Handwerk vor. Darin machten sich wiederholt geringe Produktivität und fehlende Bereitschaft zu Neuerungen bemerkbar. Des Öfteren gab es Russland auch Wirtschaftskrisen (unter anderem hervorgerufen durch Warenmangel beziehungsweise Warenüberschuss).

EA

Aufgabe 1: *Beschreibe mit deinen eigenen Worten, was du über die Industrialisierung in Russland weißt. Gehe, wenn möglich, auch auf die Unterschiede zur Industrialisierung in Deutschland ein.*

_____

_____

_____

_____

_____

_____

_____

_____

_____

_____

Die Russische Revolution 1917
Klar strukturierte Arbeitsblätter für einen informativen Überblick — Bestell-Nr. 11 776
KOHL VERLAG

5 Lenin – wer war das?

Erster Lebensabschnitt

Mit dem eigentlichen Namen Wladimir Iljitsch Uljanow wurde Lenin im Jahr 1870 in der russischen Stadt Simbirsk (heute Uljanowsk) geboren. Sein Vater war zunächst ein Oberlehrer, später wurde er Schulaufsichtsbeamter. Lenins Mutter war eine ausgebildete Lehrerin, die eine Hausfrau wurde. Als 17-Jähriger erfuhr Lenin, dass sein älterer Bruder Alexander wegen der Beteiligung an einem geplanten Attentat auf den russischen Zaren Alexander III. hingerichtet worden war.

Nach seinem im Jahre 1891 abgeschlossenen Studium wurde Lenin Rechtsanwalt. Im Weiteren befasste sich Lenin immer mehr mit Politik, unter anderem mit politischen Theorien, so auch solchen von Karl Marx. Lenin wurde politisch aktiv. Er gründete 1895 mit anderen Personen den „Bund für die Befreiung der Arbeiterklasse."

Lenin

Marx

Wegen verbotener politischer Aktivität kam Lenin ins Gefängnis. 1897 wurde Lenin für 3 Jahre nach Südsibirien verbannt. Dort heiratete er 1898 die ebenfalls politisch engagierte und auch verbannte Nadeschda Konstantinowna Krupskaja (1869 bis 1939). Um die Jahrhundertwende nahm Wladimir Iljitsch Uljanow den Namen Lenin an. Möglicherweise leitete er diesen Namen vom mächtigen sibirischen Fluss Lena ab.

Lenin hielt sich ab 1900 zunehmend außerhalb von Russland an verschiedenen Orten auf (München, Brüssel, Paris, Bern, London...), auch um einer Verhaftung in seinem von einem Zaren beherrschten Heimatland zu entgehen.

Im Jahr 1903 trug Lenin in London wesentlich dazu bei: Die Sozialdemokratische Arbeiterpartei Russlands spaltete sich in die radikalen „Bolschewiki" (= Mehrheitler), zu denen sich Lenin bekannte, und in die „Menschewiki" (= Minderheitler). Zum endgültigen Bruch zwischen diesen beiden Gruppierungen kam es 1912. Lenin betrieb intensiv Vorbereitungen für eine Revolution in Russland. Dabei sollten die Bolschewisten als Kaderpartei die Rolle der Führung der Volksmassen übernehmen. Von 1914 bis 1917 lebte Lenin in der Schweiz.

EA

Aufgabe 1: *Sortiere die Punkte zu Lenins erstem Lebensabschnitt in die richtige Reihenfolge.*

- 1891 abgeschlossenes Jurastudium
- ab 1900 Aufenthalt in verschiedenen Orten Europas
- 1870 geboren als Sohn eines Oberlehrers und einer Lehrerin
- 1903 Spaltung der Sozialdemokratischen Partei Russlands in die Bolschewiki und Menschewiki
- 1895 Mitbegründer des Bundes für die Befreiung der Arbeiterklasse
- etwa 1900 Annahme des Namens Lenin
- 1914-1917 Lenin lebt in der Schweiz
- 1898 Heirat Lenins
- 1897 Verbannung für drei Jahre nach Südsibirien

Die Russische Revolution 1917
Klar strukturierte Arbeitsblätter für einen informativen Überblick – Bestell-Nr. 11 776

KOHL VERLAG

5 Lenin – wer war das?

EA

Aufgabe 2: *Überlege dir und notiere auf der nächsten Seite sieben Fragen zum Infotext „Lenin erster Lebensabschitt". Gib danach das Blatt deinem Tischnachbarn, der die Fragen schriftlich beantworten muss.*

1. Frage: _____

Antwort: _____

_____

2. Frage: _____

Antwort: _____

_____

3. Frage: _____

Antwort: _____

_____

4. Frage: _____

Antwort: _____

_____

5. Frage: _____

Antwort: _____

_____

6. Frage: _____

Antwort: _____

_____

7. Frage: _____

Antwort: _____

_____

Die Russische Revolution 1917 – Bestell-Nr. 11 776
Klar strukturierte Arbeitsblätter für einen informativen Überblick
KOHL VERLAG

Marxismus-Leninismus

Lenin las viel, vor allem über gesellschaftliche Entwicklungen und Theorien. Er befasste sich intensiv mit den Werken von Marx und Engels. Daran orientierte sich Lenin und baute darauf auf. Auch verfasste Lenin selbst diverse Schriften. Aus dem Marxismus entwickelte Lenin den in späterer Zeit sogenannten Marxismus-Leninismus.

Der Marxismus bedeutete sehr verkürzt und vereinfacht: Die Geschichte der Menschheit ist eine Geschichte von Klassenkämpfen zwischen Besitzenden (= *Kapitalisten*) und Besitzlosen (= *Proletarier*). Die Proletarier leisten über ihre wirkliche Bezahlung (= *Lohn*) Mehrwert. Diesen bezahlen die Kapitalisten, die auch die Produktionsmittel besitzen, aber nicht, sondern behalten ihn für sich. Je mehr Arbeit von den Proletariern geleistet wird, desto reicher werden die Kapitalisten. Die Proletarier verelenden mehr und mehr. Das Geld (= *Kapital*) konzentriert sich mit der Zeit in den Händen der Großkapitalisten. Im fortgeschrittenen Stadium werden die Spannungen zwischen den Kapitalisten und Proletariern so groß, dass es zur Erhebung (= *Revolution*) und „Diktatur des Proletariats" kommt. Die Kapitalisten werden enteignet, und die Produktionsmittel werden sozialistisches Gemeineigentum.

Die Gründungsväter des Marxismus

Schließlich gibt es im Kommunismus keine Herrschaft mehr, keine Klassengesellschaft und zudem kein Privateigentum, zumindest gilt letzteres für die Produktionsmittel. Menschen werden nicht mehr unterdrückt, auch haben sie keine materielle Not. Die Waren werden gemeinschaftlich verwaltet und gerecht verteilt.

EA

Aufgabe 3: *Welche Meinung hast du dazu, was sehr verkürzt und vereinfacht über den Marxismus ausgesagt wird?*

_____

_____

_____

_____

_____

_____

_____

GA

Aufgabe 4: *Diskutiert in der Kleingruppe über Pro und Contra des Marxismus. Legt zuvor fest, ob ihr euch für Pro oder Contra aussprecht. Gibt es zum Schluss eine übereinstimmende Meinung?*

Die Russische Revolution 1917
Klar strukturierte Arbeitsblätter für einen informativen Überblick – Bestell-Nr. 11 776
KOHL VERLAG
Lernen mit Erfolg

5 Lenin – wer war das?

Lenin, der Berufspolitiker wurde, ging es darum, Ideen des Marxismus (insbesondere die „Diktatur des Proletariats") in die Praxis umzusetzen. Im Imperialismus sah Lenin die höchste Stufe des Kapitalismus. Die Lenkung der Revolution durch eine straff von Berufsrevolutionären geführte Partei hielt Lenin für unbedingt notwendig und gerechtfertigt. Diese hierarchisch aufgebaute Partei müsste den Volksmassen das sozialistische Bewusstsein vermitteln. Anwendung von Gewalt sei legitim, um das bestehende Herrschaftssystem zu beseitigen. Obwohl Russland wirtschaftlich rückständig war, der Anteil der Industriearbeiter an der Gesamtzahl der Bevölkerung relativ gering war, sah Lenin in Russland die Gelegenheit zur Revolution und Machtergreifung. Alles sei dafür zu tun, es dürfe nicht so lange gewartet werden, bis es von sich aus zum Zusammenbruch des Kapitalismus käme. Es gelte die Kriegsmüdigkeit des Volkes zu nutzen, um die „Diktatur des Proletariats" zu verwirklichen. Russland sei nur der Anfang. Später müsse es zur Weltrevolution kommen. „Proletarier aller Länder vereinigt euch!"

Eine Publikation des Industrie-Arbeiters (IWW) von 1911, die für die Organisation der Arbeiter wirbt.

EA

Aufgabe 5: *Was meinst du zu Lenins dargelegten Ansichten?*

_____

_____

_____

_____

_____

_____

EA

Aufgabe 6: *Schreibe in eigenen Sätzen auf, was du vom Text „Marxismus-Leninismus" verstanden hast.*

_____

_____

_____

_____

Die Russische Revolution 1917
Klar strukturierte Arbeitsblätter für einen informativen Überblick – Bestell-Nr. 11 776
KOHL VERLAG

EA

Aufgabe 1: **a)** *Bringe die folgenden Sätze in die richtige Reihenfolge,*
indem du sie von 1 bis 10 durchnummerierst.

	Nach einigen militärischen Anfangserfolgen wurden die russischen Soldaten ab 1915 durch deutsche und österreichisch-ungarische Truppen mehr und mehr zurückgedrängt.
	Als Mitgliedsstaat der Alliierten (Großbritannien, Frankreich ...) kämpfte Russland im Ersten Weltkrieg gegen die Mittelmächte (Deutschland, Österreich-Ungarn, Türkei, Bulgarien).
	Vor dem Ausbruch des Ersten Weltkrieges stand Russland nach mehreren großen Streiks vor einem Volksaufstand.
	Ebenso wie andere mächtige Staaten (Großbritannien, Frankreich, USA, Deutschland ...) verfolgte auch Russland unter dem Herrscher Nikolaus II. imperialistische Ziele, wollte also den Herrschaftsbereich ausdehnen.
	Russland hatte viele Kriegstote und Verwundete zu beklagen, die Kriegsmüdigkeit sowie Kriegsunlust der russischen Soldaten nahmen mehr und mehr zu.
	Seit 1894 war Russland mit Frankreich verbündet, seit 1907 ebenfalls mit Großbritannien.
	Jedoch entfachte der Beginn des Ersten Weltkrieges in Russland beim Volk eine patriotische Stimmung und ließ im Land bestehende Probleme zunächst vergessen.
	Die Versorgung brach auch bei der russischen Bevölkerung zusammen, es kam in Russland zu Demonstrationen und Streiks.
	Russland erhob u.a. den Anspruch, die Führungsmacht der slawischen Völker zu sein, und diese zu vereinen *(= Panslawismus)*.
	Unter dem Zaren Nikolaus II. versuchte Russland nicht (genügend), den Ersten Weltkrieg zu verhindern, sondern beteiligte sich aktiv am Krieg.

b) *Schreibe nun die 10 Sätze in der richtigen Reihenfolge*
in deinem Heft/ in deinem Ordner auf.

PA

Aufgabe 2: **a)** *Mit welchen Staaten war Russland vor dem Ersten Weltkrieg*
verbündet?

b) *Welche Staaten waren im Ersten Weltkrieg Gegner Russlands?*

Die Russische Revolution 1917
Klar strukturierte Arbeitsblätter für einen informativen Überblick – Bestell-Nr. 11 776

KOHL VERLAG

Verbündete und Gegner zu Beginn des 1. Weltkrieg

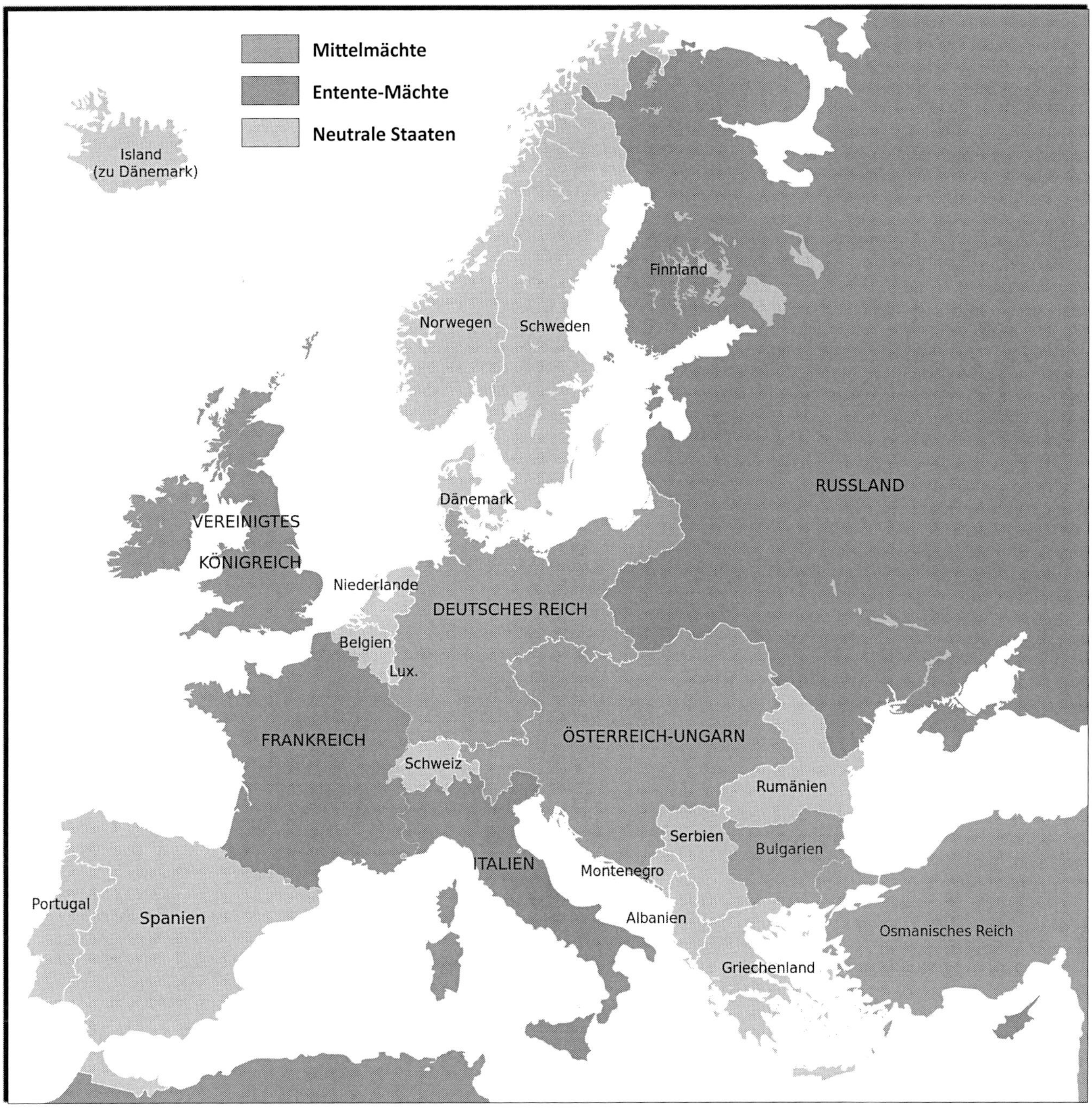

Mittelmächte

Entente-Mächte

Neutrale Staaten

Island
(zu Dänemark)

Finnland

Norwegen   Schweden

Dänemark

RUSSLAND

VEREINIGTES

KÖNIGREICH

Niederlande

DEUTSCHES REICH

Belgien

Lux.

ÖSTERREICH-UNGARN

FRANKREICH

Schweiz

Rumänien

Serbien

Bulgarien

ITALIEN

Montenegro

Portugal

Spanien

Albanien

Osmanisches Reich

Griechenland

Aufgabe 3: *Erkläre mit deinen eigenen Worten, was auf der Karte dargestellt wird.*
EA *Beachte dabei, dass sie den Zeitpunkt unmittelbar vor Beginn des*
Ersten Weltkriegs darstellt und z.B. Italien sehr schnell die Fronten
wechselte.

_____

_____

_____

_____

Die Russische Revolution 1917
Klar strukturierte Arbeitsblätter für einen informativen Überblick – Bestell-Nr. 11 776

7 Februarrevolution (1917)

Die Ermordung des Wunderheilers Rasputin

Auch so manche hohe russische Adlige lehnten inzwischen die Herrschaft des Zaren Nikolaus II. ab. Im Jahr 1916 war der russische Mönch und als „Wunderheiler" geltende Rasputin durch eine adlige Verschwörung, möglicherweise in Zusammenarbeit mit dem britischen Geheimdienst, ermordet worden. Rasputin war es gelungen, die Bluterkrankheit des Zarensohns Zarewitsch Alekseji zu lindern und unter anderem damit Einfluss auf die Politik des Zaren Nikolaus II. zu gewinnen.

Rasputin

EA

Aufgabe 1: *Ergänze sinngemäß.*

a) Auch sie lehnten inzwischen die Herrschaft des Zaren Nikolaus II. ab:

_____

b) Er linderte die Bluterkrankheit des Zarensohns und bekam Einfluss auf die Politik des Zaren Nikolaus II.:

_____

c) So hieß der Sohn des Zaren Nikolaus II.: _____

d) Auf diese Weise kam der Mann ums Leben, der die Bluterkrankheit des Zarensohns linderte:

_____

EA

Aufgabe 2: *Wieso wurde Rasputin ermordet?*

_____

_____

_____

_____

_____

_____

Die Russische Revolution 1917
Klar strukturierte Arbeitsblätter für einen informativen Überblick – Bestell-Nr. 11 776

Die Lage spitzt sich zu

Zu Beginn des Jahres 1917 (ab Februar 1917 nach dem damals geltenden russischen Kalender = ab März nach der im übrigen Europa gültigen Zeitrechnung) dramatisierten sich die Ereignisse in Russland. In der russischen Hauptstadt Petrograd – so hieß Sankt Petersburg seit 1914 – erhoben sich Arbeiter und Soldaten vor allem aufgrund nicht gegebener Lebensmittelversorgung und bestehender Kriegsmüdigkeit/Kriegsunlust. Der Zar ließ durch das Militär auf Aufständische schießen, wodurch die Situation eskalierte. Mehr und mehr Personen schlossen sich den Aufständischen an, auch weiterhin Soldaten.

Demonstranten der Putilov-Werke

Aufgabe 3: *Ergänze sinngemäß.*

a) Sie erhoben sich: _____

b) Ab dieser Zeit erhoben sie sich: _____

c) Deshalb erhoben sie sich: _____

_____

d) Das tat der herrschende Zar: _____

_____

Aufgabe 4: *Stelle dir vor, du wärest als Aufständischer bei der Demonstration gegen den Zaren dabei gewesen. Du bist mit dem Leben davongekommen, während einige deiner Kameraden von den Soldaten des Zaren erschossen wurden. Du kehrst nach Hause zurück und berichtest deiner Frau. Was würdest du sagen?*

Bestell-Nr. 11 776 — Die Russische Revolution 1917 — Klar strukturierte Arbeitsblätter für einen informativen Überblick — KOHL VERLAG

Zar Nikolaus II. wird abgesetzt

Abgeordnete der Duma widersetzten sich der vom Zaren angeordneten Auflösung dieses Parlaments. Aus dem Kreis der Abgeordneten der Duma wurde ein Komitee (= leitender Ausschuss) gebildet. Das Komitee verkündete für Russland die Bildung einer provisorischen (= vorläufigen) Regierung unter der Leitung (= Ministerpräsident) durch den Fürsten Lwow. Diese Regierung bestand mit Ausnahme des Justizministers Kerenskij aus Vertretern des (gehobenen) Bürgertums. Auf Veranlassung der provisorischen Regierung wurde der Zar Nikolaus II. mit seiner Familie gefangengenommen. Bedrängt dankte Nikolaus II. als Zar ab. Sein Bruder, der Großfürst Michail, verzichte darauf, Zar zu werden. Somit wurde aus Russland erstmals eine Republik. Die provisorische Regierung setzte – auch auf Betreiben der Alliierten – auf deren Seite den Krieg gegen die Mittelmächte (u.a. Deutschland) fort. Zudem beabsichtigte die provisorische Regierung, den Krieg gegen die Mittelmächte (z.B. Deutschland) fortzuführen und Wahlen zu einen verfassungsgebenden Parlament durchzuführen.

Aufgabe 5: *Ergänze sinngemäß.*

EA

a) Das verkündete ein Komitee der Duma:

_____

_____

b) Daraus bestand die provisorische Regierung:

_____

_____

c) Das geschah mit dem Zaren und seiner Famile:

_____

d) Darauf verzichteten der Zar Nikolaus II. und der Großfürst Michail:

_____

_____

e) Aus Russland wurde ... _____

f) Das machte die provisorische Regierung:

_____

_____

Die Russische Revolution 1917
Klar strukturierte Arbeitsblätter für einen informativen Überblick – Bestell-Nr. 11 776
KOHL VERLAG

Doppelherrschaft

Während der sogenannten Februarrevolution entstanden schnell in Petrograd und alsbald auch in anderen russischen Städten Arbeiter- und Soldatenräte *(= Sowjets)*. Sowjets trugen zur Lebensmittelversorgung bei und übernahmen die Führung über

Kustodiev: Der Bolschewik

manche militärische Einheiten. Auf dem Lande kam es zu Bauern-Sowjets. Folglich gab es in Russland durch die Februarrevolution in der Praxis eine Doppelherrschaft: Einerseits bestand die bürgerlich ausgerichtete provisorische Regierung mit dem Ministerpräsidenten Lwow, die eine parlamentarische Demokratie anstrebte. Demgegenüber existierten die Sowjets, in denen die gemäßigten Menschewisten und die radikalen Bolschewisten vertreten waren.

EA

Aufgabe 6: *Erkläre näher, was mit der Bezeichnung Doppelherrschaft in Russland (1917) gemeint ist.*

_____

_____

_____

_____

_____

_____

EA

Aufgabe 7: *Was plante die provisorische Regierung unter dem Ministerpräsidenten Lwow? Erkläre.*

_____

_____

_____

_____

Ministerpräsident Lwow

Bestell-Nr. 11 776

Die Russische Revolution 1917
Klar strukturierte Arbeitsblätter für einen informativen Überblick

KOHL VERLAG

Vorläufiges Programm der provisorischen Regierung unter dem Fürsten Lwow

„Mitbürger!

Der provisorische Vollzugsausschuss der Reichsduma hat, unterstützt von der Hilfe der Garnison und den Einwohnern der Hauptstadt, jetzt vollständig den Einfluss der alten Regierung gebrochen, so dass er jetzt zur festen Organisation der ausführenden Macht schreiten kann ...

Die neue Regierung will ihre Politik auf folgenden Grundsätzen aufbauen:

1. Allgemeine, unmittelbare Amnestie für alle Personen, die Verbrechen politischer oder religiöser Natur begangen haben ...

2. Meinungsfreiheit, Pressefreiheit, Vereins- und Versammlungsfreiheit sowie Streikrecht ...

3. Abschaffung aller aus sozialen, religiösen und nationalen Gründen bedingten Einschränkungen.

4. Unmittelbare Vornahme von Vorbereitungen zur Einberufung einer konstitutionellen Versammlung, die auf dem allgemeinen Stimmrecht beruhend, eine Regierung einrichten und die Verfassung annehmen soll.

5. Die Polizeinstitution wird durch eine nationale Miliz mit gewählten Chefs, die der Leitung der Selbstverwaltung unterstellt sind, ersetzt.

6. Die Kommunalwahlen finden aufgrund des allgemeinen Wahlrechts statt.

7. Die Truppen, die andere revolutionären Bewegung beteiligt waren, sollen nicht entwaffnet, sondern in Petrograd konsigniert *(= übergeben, bereitgehalten)* werden.

8. Abschaffung aller Einschränkungen für Soldaten hinsichtlich der sozialen Rechte ... doch nur unter der Bedingung einer strengen Disziplin.....“

Veröffentlichung am 16.3.1917 (= 3.3.1917 nach dem damals russischen Kalender)

Aus: Chronik 1917 - Tag für Tag in Wort und Bild; herausgegeben vom Chronik Verlag; 2. überarbeitete Auflage; Dortmund 1987, Seite 45

EA

Aufgabe 8: *Unterstreiche im angeführten vorläufigen Programm der provisorischen Regierung unter dem Fürsten Lwow die wesentlichen Aussagen.*

EA

Aufgabe 9: *Welche Inhalte dieses vorläufigen Programms hältst du für besonders wichtig? Notiere stichwortartig (in möglichst eigenen Formulierungen) diese Inhalte.*

Bestell-Nr. 11 776

Die Russische Revolution 1917
Klar strukturierte Arbeitsblätter für einen informativen Überblick

KOHL VERLAG

Befehl Nr. 1 des Pedrogader Vereinigten Rates der Arbeiter- & Soldatendeputierten (Sowjet)

„1. In allen Kompanien, Bataillonen, Regimentern, Batterien..., in allen einzelnen Stellen der verschiedenen militärischen Verwaltungen sowie auf Schiffen der Kriegsflotte sind unverzüglich Komitees aus gewählten Vertretern der Mannschaften der oben genannten Truppenteile zu wählen.

2. In allen politischen Angelegenheiten untersteht jeder Truppenteil dem Sowjet der Arbeiter- und Soldatendelegierten und seinen Komitees.

3. Die Befehle der militärischen Kommission der Staatsduma sind nur in den Fällen auszuführen, wenn sie zu den Befehlen und Beschlüssen des Sowjets der Arbeiter- und Soldatendelegierten nicht im Widerspruch stehen.

4. Alle Arten von Waffen müssen sie sich in den Händen und unter der Kontrolle der Kompanie- und Bataillonskomitees befinden und dürfen unter keinen Umständen den Offizieren ausgeliefert werden, auch wenn sie dies verlangen ...“

(Befehl vom 14.3.1917 (=1.3.1917 nach dem damals russischen Kalender)

Aus: Chronik 1917 - Tag für Tag in Wort und Bild; herausgegeben vom Chronik Verlag; 2. überarbeitete Auflage; Dortmund 1987, Seite 47

EA

Aufgabe 10: a) *Fasse den Inhalt des Befehls Nr. 1 kurz zusammen.*

b) *Wie beurteilst du diesen Befehl?*

Der Petrograder Sowjet tagt (1917)

a) 🖉 _____

_____

_____

_____

_____

_____

_____

_____

b) _____

_____

_____

Die Russische Revolution 1917
Klar strukturierte Arbeitsblätter für einen informativen Überblick – Bestell-Nr. 11 776

KOHL VERLAG

Lenin kehrt nach Russland zurück

Ermutigt durch die Februarrevolution, insbesondere durch die Bildung von Sowjets, kehrte Lenin im April 1917 aus der Schweiz zurück nach Russland in die Hauptstadt Petrograd. Die deutsche Regierung und Heeresleitung ließen Lenin und Gleichgesinnte per Eisenbahn durch Deutschland reisen, um danach über Schweden nach Petrograd zu gelangen. Die Verantwortlichen in Deutschland versprachen sich, dass durch Lenin sowie weitere radikal eingestellte Politiker die Spannungen und Unruhen in Russland noch mehr zunähmen und der Staat im 1. Weltkrieg kapitulieren würde. Wahrscheinlich wurden Lenin und seine Gefährten von deutscher Seite auch finanziell unterstützt.

> *17. April 1917:*
>
> *"Lenin Eintritt in Rußland ge-*
> *glückt. Er arbeitet völlig nach Wunsch.*

Geheimbotschaft aus dem Jahr 1917

Aufgabe 1: **a)** *Wo lebte Lenin, bevor er im April 1917 nach Russland zurückkehrte?*

_____

b) *Auf welchem Weg kam Lenin zurück nach Petrograd?*

_____

_____

c) *Wer unterstützte die Reise nach Petrograd?*

_____

_____

d) *Was versprachen sich Verantwortliche durch die Rückkehr Lenins und anderer Politiker nach Russland?*

_____

_____

_____

Aufgabe 2: *Wodurch wurde Lenin ermutigt, nach Russland zurückzukehren? Notiert euer Ergebnis in eurem Heft/Ordner.*

Bestell-Nr. 11 776

Die Russische Revolution 1917
Klar strukturierte Arbeitsblätter für einen informativen Überblick

KOHL VERLAG

Nach seiner Ankunft in Petrograd verkündete Lenin sogleich vor Teilnehmern des Rätekongresses sein Programm. In den sogenannten Aprilthesen lehnte Lenin eindeutig die Unterstützung der bestehenden provisorischen Regierung ab und erklärte sie zum Gegner. Von der parlamentarischen Demokratie distanzierte sich Lenin. Er forderte die Übergabe der Macht an das Proletariat *(= Arbeiterschaft)* und an die ärmsten Schichten der Bauernschaft. Diese sollten durch Sowjets *(= Räte)* vertreten sein. Eine wesentliche Parole Lenins war: „Alle Macht den Räten!" Nach Lenin sollte Russland eine „Republik der Sowjets der Arbeiter-, Landarbeiter- und Bauerndeputierten" werden. Im Weiteren trat Lenin ein für die Enteignung der Großgrundbesitzer, für die Errichtung von „Musterwirtschaften" ...

Lenins Rede vor dem Petrograder Sowjet

Aufgabe 3: *Schreibe stichwortartig in drei Punkten auf, was zu Lenins Programm gehörte.*

- _____

- _____

- _____

Aufgabe 4: a) Stellt euch vor, ihr seid Kleinbauern und in den Rat gewählt worden. Was würdet ihr fordern und sagen? Formuliert eine wörtliche Rede.

b) Stellt euch vor, ihr seid Großgrundbesitzer und sollt enteignet werden. Was würdet ihr sagen? Formuliert eine wörtliche Rede.

a)

b)

Die Russische Revolution 1917
Klar strukturierte Arbeitsblätter für einen informativen Überblick – Bestell-Nr. 11 776

KOHL VERLAG

Unruhen in Russland und bröckelnde Kriegsfront

Im Juli 1917 kam es in Petrograd durch Arbeiter und Soldaten zu Demonstrationen gegen die Regierung unter dem Fürsten Lwow. Daraus wurde ein wenig organisierter Aufstand. Dieser Aufstand wurde jedoch von regierungstreuen Soldaten und Milizionären niedergeschlagen. Lenin, der wie andere Bolschewisten für den Aufstand verantwortlich gemacht und nach dem deshalb gefahndet wurde, floh nach Finnland.

Ebenfalls noch im Juli 1917 trat der Fürst Lwow als Ministerpräsident zurück, sein Nachfolger wurde der gemäßigte Sozialist Kerenskij. Maßgeblich auf Betreiben Kerenskijs begannen russische Truppen eine Offensive gegen deutsche und österreichisch-ungarische Truppen. Doch der russische Großangriff wurde schon bald von Soldaten der Mittelmächte gestoppt und scheiterte letztlich. Immer mehr russische Soldaten meuterten. Auch die Wiedereinführung der Todesstrafe für Deserteure (durch die Regierung Kerenskij) brachte zahlreiche russische Soldaten nicht davon ab, Fahnenflucht zu begehen.

Kornilow

Ebenfalls hinter der Kriegsfront, in der Heimat der Soldaten, nahmen die Unzufriedenheit und Unruhen der Bevölkerung zu. Im September 1917 überstand die Regierung Kerenskijs noch einen Putschversuch *(= Umsturzversuch)* des Generals Kornilow und behauptete sich. Kornilow war ein Monarchist, ein Anhänger des Zaren und lehnte die Demokratie ab. Mehr und mehr gewannen dagegen die Bolschewisten an Zulauf.

Aufgabe 5: *Schreibe stichwortartig die für den Zeitraum Juli 1917 bis September 1917 erwähnten Ereignisse auf.*

EA

🖊

_____

_____

_____

_____

_____

_____

_____

_____

_____

Aufgabe 6: *Wie beurteilt ihr die Ereignisse in Russland im Zeitraum zwischen April und September 1917? Tauscht euch aus und notiert eure Meinung auf der Blattrückseite.*

PA

Die Russische Revolution 1917
Klar strukturierte Arbeitsblätter für einen informativen Überblick – Bestell-Nr. 11 776
Lernen mit Erfolg
KOHL VERLAG

9 Parolen* der Bolschewisten

Aussagen Lenins und anderer Bolschewisten

„Alles Land den Bauern!"

„Diktatur des Proletariats!"

„Frieden um jeden Preis!"

„Proletarier aller Länder vereinigt euch!"

„Alle Macht den Sowjets (= Räten)!"

„Schluss mit dem Krieg!!"

„Es lebe die Revolution der Arbeiter, Soldaten und Bauern!"

„Es lebe die sozialistische Weltrevolution!"

„Friede, Freiheit, Land und Brot!"

„Alle Macht der Arbeiterklasse, geführt durch ihre revolutionäre Partei, die Bolschewisten-Kommunisten!"

PA

Aufgabe 1: *Was besagen die genannten Parolen? Was denkt ihr, wenn ihr diese Parolen lest? Mit welcher Parole/welchen Parolen wurde eurer Meinung nach die größte Wirkung im Volk erzielt?*

_____

_____

_____

_____

_____

_____

_____

_____

_____

_____

*Parolen = Schlagworte, Leitsprüche

Die Russische Revolution 1917 – Bestell-Nr. 11 776
Klar strukturierte Arbeitsblätter für einen informativen Überblick
KOHL VERLAG

Worte in Lenins Mund gelegt

Aufgabe 2: *Überlege dir und notiere in der Sprechblase, was Lenin damals gesagt haben könnte.*

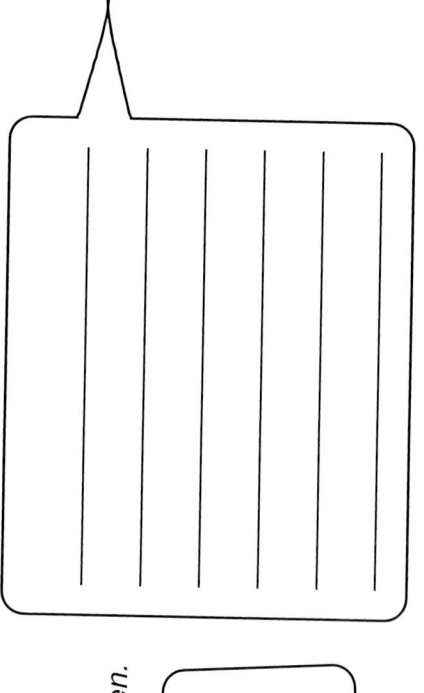

Lenin spricht im Jahr 1920 vor versammelten Russen.

Aufgabe 3: *Was könnten einzelne Zuhörer gesagt haben? Schreibe in die Sprechblasen.*

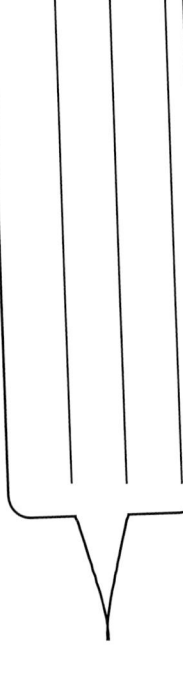

Die Russische Revolution 1917
Klar strukturierte Arbeitsblätter für einen informativen Überblick – Bestell-Nr. 11 776

KOHL VERLAG

Lenin sah für sich und andere Bolschewisten die Gelegenheit, in Russland die Macht zu erringen. Noch während er sich in Finnland aufhielt, hatte er schriftlich Kontakt zu Gleichgesinnten in Russland. Sogleich nach seiner Rückkehr nach Petrograd am 21.10.1917 (nach dem russischen Kalender, = 3.11.1917 gemäß der gültigen Zeitrechnung im übrigen Europa) forderte er Gefährten auf, den Aufstand *(= Revolution)* zu wagen. Es sollte nicht mehr gewartet werden, zumal es vor allem in Petrograd und Moskau im Volk zunehmend Zulauf und Unterstützung für die Bolschewisten gab.

Im Zentralkomitee der bolschewistischen Partei fand Lenin die Mehrheit dafür loszuschlagen. Dazu sollte gehören, die provisorische Regierung zu verhaften. Als Zeitpunkt für den Beginn der Revolution wurde der 25.10.1917 (entsprechend dem russischen Kalender) festgelegt.

Am Abend dieses Tages sollte der Zweite Allrussische Sowjetkongress zusammenkommen. Die detaillierte Planung des Aufstandes übernahm Trotzki als Vorsitzender des Militärrevolutionären Exekutivkomitees des Petrograder Sowjets. Trotzki war ehemals ein Menschewist, der sich danach aber zu den Bolschewisten bekannte und sehr eng mit Lenin zusammenarbeitete.

Petrograder Sowjet der Arbeiter- und Soldaten-Abgeordneten

EA

Aufgabe 1: *Unter dem Begriff Sowjet versteht man ...* 　　**X** Richtig

☐ ... eine Zusammenkunft von Arbeitern.

☐ ... einen gebildeten Rat von Arbeitern bzw. Soldaten.

☐ ... eine Volksversammlung.

Die Russische Revolution 1917
Klar strukturierte Arbeitsblätter für einen informativen Überblick – Bestell-Nr. 11 776

KOHL VERLAG

Aufgabe 2: *Fülle die Lücken in den Sätzen und trage die Begriffe in das Kreuzworträtsel ein. Die Buchstaben in den grau schraffierten Kästchen ergeben ein Lösungswort.*

a) Was wollte Lenin in Russland erringen?

b) Dahin war Lenin zurückgekehrt, als er seine Gefährten aufforderte, den Aufstand zu wagen.

c) Wer erfuhr durch das Volk immer mehr Zulauf und Unterstützung?

d) Wen wollte Lenin verhaften lassen? Die _____ Regierung.

e) Am 25.10.1917 war der geplante Beginn der _____ .

f) Wer übernahm die detaillierte Planung des Aufstandes?

g) Trotzki war politisch, bevor er Bolschewist wurde, ein_____ .

Lösungswort:

_ _ _ _ _ _ _ _ _ _ _

Aufgabe 3: *Was hältst du von Lenins dargestelltem Vorhaben?*

_____

_____

_____

_____

Die Russische Revolution 1917
Klar strukturierte Arbeitsblätter für einen informativen Überblick – Bestell-Nr. 11 776
KOHL VERLAG

Geschichte live

Es ist in Petrograd der 25.10.1917 (= der 7.11.1917 nach der im übrigen Europa geltenden Zeitrechnung): Unter dem Befehl von Trotzki halten Truppen der Bolschewisten und zu ihnen übergelaufene militärische Einheiten alle strategisch bedeutsamen Stellen der russischen Hauptstadt besetzt. Dies sind die Telefonzentrale, alle Bahnhöfe, wichtige Brücken, die Staatsbank, Kasernen ...

Gegen Abend haben die Revolutionäre den Winterpalast des Zaren eingekreist, der der Sitz der provisorischen Regierung unter dem Ministerpräsidenten Kerenskij geworden ist. Geschütze der Peter-und-Paul-Festung sowie mehrerer auf dem Fluss Newa in Stellung gegangener Kriegsschiffe werden auf den Winterpalast gerichtet.

Panzerkreuzer Aurora

Der Kreuzer Aurora gibt mit einem Schuss das Signal zum Beschießen und Erstürmen des Winterpalastes. Ein Teil der Verteidiger des Winterpalastes kapituliert schon bald und zieht ab. Nach Mitternacht erstürmen Revolutionäre den Winterpalast. Die Aufständischen nehmen die anwesenden Mitglieder der provisorischen Regierung fest, nicht jedoch Kerenskij, da dieser am vorherigen Tag geflüchtet ist. Die Bolschewisten verkünden ihren Sieg und die Machteroberung.

EA

Aufgabe 4:  *Übertrage den vorangehenden Text aus der Zeitstufe Präsens (Gegenwart) ins Präteritum (Vergangenheit). Schreibe den Text dementsprend in dein Heft/in deinen Ordner.*

Aufgabe 5: *Warum griffen die Aufständischen den Winterpalast an?*

_____

_____

_____

_____

_____

_____

Erstürmung des Winterpalastes

Die Russische Revolution 1917
Klar strukturierte Arbeitsblätter für einen informativen Überblick   –   Bestell-Nr. 11 776

KOHL VERLAG

Die Bolschewisten festigen ihre Macht

An der Oktoberrevolution (1917) in Petrograd sollen zumindest durch Anwesenheit mehr als 300.000 Kämpfer mitgewirkt haben. Nur insgesamt wenig Gegenwehr gab es für sie, sodass der Aufstand relativ unblutig verlief. Auch in Moskau siegten die gut organisierten Revolutionäre, ebenfalls in anderen russischen Städten (z.B. in Tiflis).

Trotzki

Aus Protest gegen das Vorgehen der Bolschewisten verließen nach Tumulten Menschewisten und andere Oppositionelle den Zweiten Allrussischen Sowjetkongress am 26.10.1917 (nach dem russischen Kalender). Der Zweite Allrussische Sowjetkongress, in dem nun die Bolschewisten die Mehrheit besaßen und die Politik bestimmten, schuf den Rat der Volkskommissare. Dieser Rat, zu dessen Vorsitzenden Lenin gewählt wurde, bildete von nun an die Regierung Russlands. Aus dem Kreis des Rats der Volkskommissare wurde Ende 1917 Trotzki Außenminister; Stalin wurde zuständig für nationale Minderheiten.

Stalin

Der Rat der Volkskommissare beschloss sogleich, im 1. Weltkrieg mit den Mittelmächten alsbald den Waffenstillstand und anschließend Friedensverhandlungen anzustreben. Auch wurde der Beschluss gefasst, die Enteignung der Großgrundbesitzer in die Praxis umzusetzen. Vordringlich galt es, die Versorgung der hungernden Bevölkerung mit Lebensmitteln in die Wege zu leiten und sicherzustellen.

Aufgabe 6: *Vervollständige die Satzanfänge. Schreibe, wenn nötig, in dein Heft/in deinen Ordner.*

EA

- In Petrograd ... _____

_____

- Menschewisten und andere Oppositionelle ... _____

_____

- Der Rat der Volkskommisare ... _____

_____

- Lenin ... _____

_____

- Stalin ... _____

_____

Bestell-Nr. 11 776

Die Russische Revolution 1917
Klar strukturierte Arbeitsblätter für einen informativen Überblick

KOHL VERLAG

Aufgabe 7: *Vervollständige die Mind Map zur Oktoberrevolution (1917), indem du die entscheidenden Ereignisse in zeitlich chronologischer Reihenfolge darstellst. Folgende Schlagworte kannst du verwenden.*

Beschlüsse – **Beschluss des Zentralkomitees der bolschewistischen Partei** – **Besetzung** – **Enteignung** – **Lebensmittel** – **Oktoberrevolution** – **Petrograd** – **Rat der Volkskommissare** – **Verhaftung** – **Waffenstillstand** – **Winterpalast**

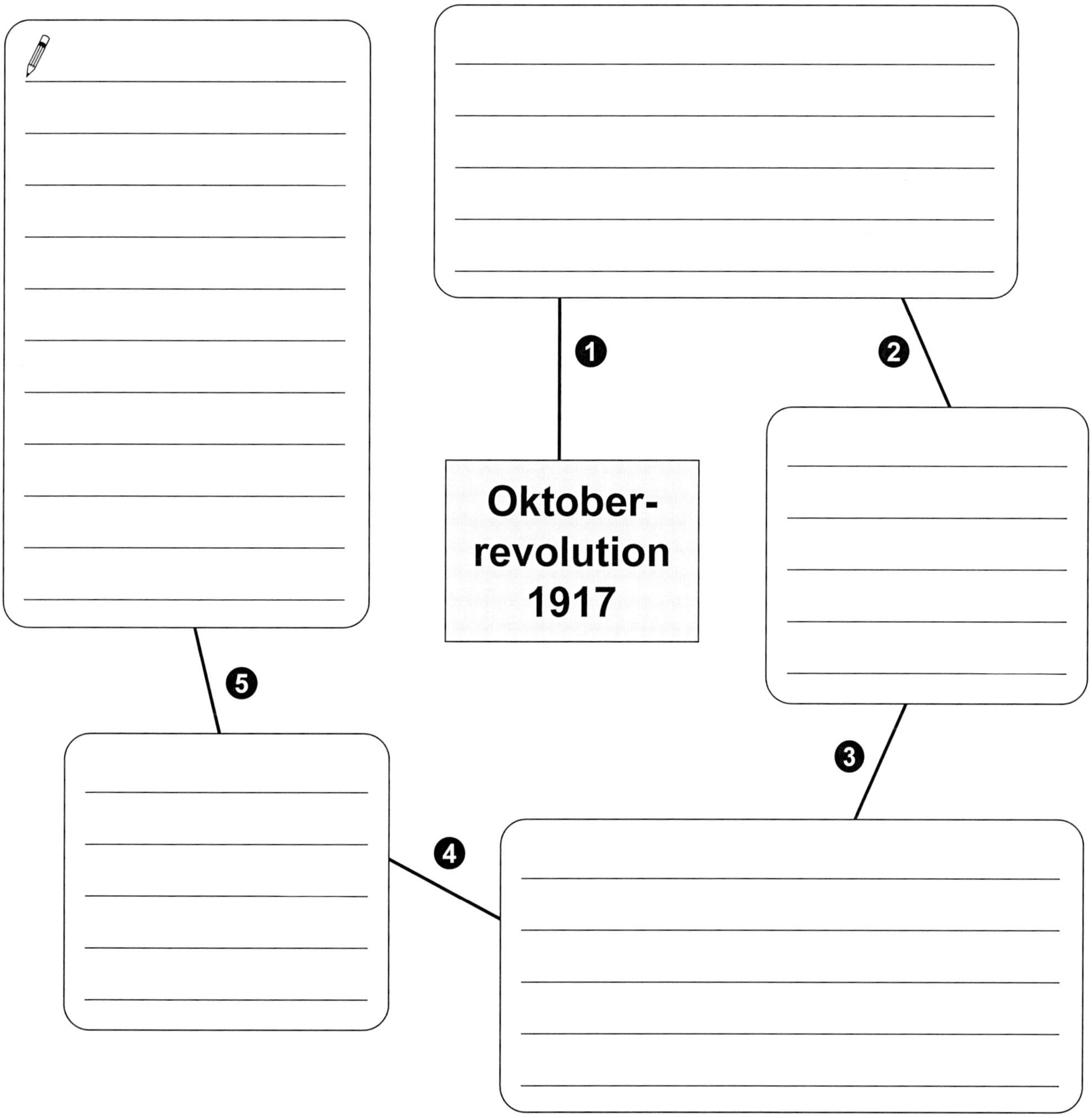

❶

❷

Oktober-revolution 1917

❸

❹

❺

Die Russische Revolution 1917 – Bestell-Nr. 11 776
Klar strukturierte Arbeitsblätter für einen informativen Überblick

KOHL VERLAG

Revolutionäres Militärkomitee übernimmt die Macht

Am 25.10 (07.11) 1917 um 10 Uhr gab das revolutionäre Militärkomitee, das unter dem Oberbefehl von Trotzki stand, folgendes bekannt:

„Die provisorische Regierung ist gestürzt. Die Staatsmacht ist in die Hände des Organs der Petrograder Sowjets der Arbeiter- und Soldaten-Deputierten, des Revolutionären-Militärkomitees, übergegangen, das an der Spitze des Petrograder Proletariats und der Garnison steht.
Die Sache, für die das Volk kämpft: Das sofortige Angebot eines demokratischen Friedens, die Aufhebung des Eigentums der Gutsbesitzer an Grund und Boden, die Arbeitskontrolle über die Produktion, die Bildung der Sowjetregierung – sie ist gesichert. Es lebe die Revolution der Arbeiter, Soldaten und Bauern."

Zitat aus Fritz Krause und Robert Steigerwald „Das andere Geschichtsbuch – Streifzüge durch die neuere Geschichte"; Frankfurt/Main 1986; Seite 287.

Lenin bei einer Rede im bolschewistischen Hauptquartier

PA

Aufgabe 8:   *Eine fingierte Reportage ...*

Denkt euch zu zweit eine Reportage in Worten über die Oktoberrevolution 1917 aus, vor allem über die Ereignisse am 25.10. und 26.10.1917. Die Länge der Reportage soll ca. 10 Minuten betragen. Einigt euch, wer was sagt. Schreibt dies für euch auf. Später sollt ihr aber eure Reportage möglichst frei sprechend in der Klasse vortragen.
Zur Information könnt ihr das Zitat oben verwenden und auf die Ziele des revolutionären Militärkomitees eingehen.

Möglich ist: Das Paar, dessen Reportage von den Schülern und Lehrer am besten bewertet wird, gewinnt das Spiel.

Möglicher Beginn der Reportage:

„Meine Damen und Herren, wir begrüßen Sie herzlich aus ..."

Die Russische Revolution 1917 – Klar strukturierte Arbeitsblätter für einen informativen Überblick – Bestell-Nr. 11 776

KOHL VERLAG

PA

Aufgabe 9: *Das ausgedachte Interview ...*

Angenommen: Du könntest ein Interview mit Lenin führen. Überlege dir und notiere auf der Vorder- und Rückseite des Blattes Fragen, die du Lenin stellen würdest. Überreiche danach das Blatt einem anderen Schüler. Dieser muss sich in die Person Lenins hineinversetzen und deine Fragen schriftlich beantworten.

Das sagst du ...	Das antwortet Lenin ...

Die Russische Revolution 1917
Klar strukturierte Arbeitsblätter für einen informativen Überblick – Bestell-Nr. 11 776

KOHL VERLAG

Februarrevolution & Oktoberrevolution – ein Vergleich

Durch die provisorische Regierung Kriegsfortsetzung Russlands auf der Seite der Alliierten im Kampf gegen die Mittelmächte

Absicht der provisorischen Regierung, Wahlen zu einem verfassungsgebenden Parlament durchzuführen

Erstürmung des Winterpalastes in Petrograd (= zuvor bis 1914 Sankt Petersburg) durch Bolschewisten und deren Anhänger

Regierungsübergabe an den Rat der Volkskommissare, in dem Lenin den Vorsitz bekam

Festnahme der Zarenfamilie, Abdankung des Zaren Nikolaus II., Thronverzicht dessen Bruders Michail

Tagung des Rätekongresses, in dem sich die Bolschewisten mit Verbündeten die Mehrheit verschafften

Russland erstmals eine Republik

Erklärung der Bereitschaft Russlands zum sofortigen Waffenstillstand und zu baldigen Friedensverhandlungen

Flucht bzw. Verhaftung der Mitglieder der Regierung Kerenskij

Verkündung der Enteignung der Großgrundbesitzer

Bildung einer provisorischen Regierung unter dem Fürsten Lwow

Streiks, Demonstrationen, Aufstände von Arbeitern und Soldaten gegen den Zaren und dessen Regierung

Aufgabe 1:
- *Erstelle in deinem Heft/Ordner eine Tabelle wie folgt.*
- *Ordne richtig zu, welche der auf der vorherigen Seite genannten Ereignisse im Zeitraum der Februarrevolution (1917) stattfanden und welche im Zeitraum der Oktoberrevolution 1917.*

EA

Februarrevolution (1917)	Oktoberrevolution (1917)
.....	.....

Die Russische Revolution 1917
Klar strukturierte Arbeitsblätter für einen informativen Überblick – Bestell-Nr. 11 776
KOHL VERLAG

Die Herrschaft der Bolschewisten

Wie bereits unmittelbar nach der Februarrevolution (1917) durch die provisorische Regierung beabsichtigt, aber wiederholt verlegt, fanden letztlich gegen Ende des Jahres 1917 in Russland Wahlen zur verfassungsgebenden Nationalversammlung statt. Bei diesen Wahlen bekamen die Bolschewisten aber nur knapp 25% der Sitze für die Nationalversammlung. Deshalb wurde Anfang 1918 die Nationalversammlung stark beeinflusst durch Lenin aufgelöst. Damit war – wie Lenin gegenüber Trotzki geäußert haben soll – „die Idee der Demokratie zugunsten des Gedankens der Diktatur liquidiert."[1]

Noch zum Schluss des Jahres 1917 hatte der Rat der Volkskommissare die Gründung einer Geheimpolizei (Tscheka) beschlossen, um politische Gegner zu überwachen und möglichst auszuschalten. Mit unerbittlicher Härte und Terror ging die Geheimpolizei vor. Schon bald wurden viele Personen Opfer der Tscheka.

Im Frühjahr 1918 traten die Sozialrevolutionäre aus dem Rat der Volkskommissare aus, weil die Bolschewisten den für Russland harten Friedensvertrag von Brest-Litowsk unterzeichnet hatten. Nach diesen Austritten bestand der Rat der Volkskommissare nur noch aus Bolschewisten. Die Partei der Bolschewisten wurde 1919 umbenannt in die Kommunistische Partei Russlands. Nach der Umbenennung Russlands im Jahre 1922 in die Sowjetunion (UdSSR) bekam die Partei den Namen Kommunistische Partei der Sowjetunion (KPdSU).

Waffenstillstandsabkommen von Brest-Litowsk

EA

Aufgabe 1: *Was taten die Bolschewisten (vor allem Lenin), um die Herrschaft zu erringen und zu festigen?*

PA

Aufgabe 2: *Diskutiere mit deinem Tischnachbarn: Wie bewertet ihr das Vorgehen der Bolschewisten?*

[1] Lenin zitiert nach „Menschen und Zeiten"; herausgegeben von den Verlagen Schöningh und Schroedel, Paderborn 1978, Seite 58

Die Russische Revolution 1917
Klar strukturierte Arbeitsblätter für einen informativen Überblick – Bestell-Nr. 11 776

KOHL VERLAG

Bürgerkrieg

In Russland bildete sich gegen die Herrschaft der Bolschewisten *(= Kommunisten)* Widerstand durch Adlige, Generäle, Großgrundbesitzer, Bürger, ... aber auch durch manche Arbeiter. Es kam zum Bürgerkrieg. Im Bürgerkrieg kämpften die „roten Truppen" *(= auch „Rote Armee" genannt)* gegen die „weißen Truppen" der Gegner der Revolution. Die „Weißen" bekamen materielle sowie finanzielle Hilfe durch die Alliierten und wurden zudem unter anderem durch US-amerikanische, britische und französische Soldaten unterstützt.

Zar Nikolaus II. und sein Sohn in der Verbannung

Im Jahr 1918 wurde die festgehaltene Zarenfamilie durch ein Erschießungskommando der Bolschewisten *(= Kommunisten)* hingerichtet. Ein wesentlicher Grund dafür war wohl: Der Zar Nikolaus II. könnte bei einem Sieg der „Weißen" wieder die Herrschaft im Land übernehmen. Besonders in den Randgebieten des Landes bekam die „Rote Armee" den Widerstand der „Weißen" zu spüren. Doch letztlich gab es nicht genügend gemeinsames Vorgehen bei den „Weißen". Schließlich siegten die „Roten Truppen". Im Grunde Ende 1920, spätestens 1922, war ihr Erfolg sicher. Damit war nach dem Bürgerkrieg, bei dem etwa fünf Millionen Menschen um das Leben kamen, im Land die Herrschaft der Bolschewisten gesichert.

EA

__Aufgabe 1:__ *Im russischen Bürgerkrieg bekämpften sich zwei Truppen. Wie wurden sie genannt? Eine Seite bekam sogar fremde Hilfe von außen – von wem?*

_____

_____

_____

EA

__Aufgabe 2:__ *Warum wurde die Zarenfamilie ermordet?*

_____

_____

_____

_____

_____

Kellerraum nach der Ermordung der Zarenfamilie

Die Russische Revolution 1917
Klar strukturierte Arbeitsblätter für einen informativen Überblick – Bestell-Nr. 11 776
KOHL VERLAG

Aufgabe 3: *Hier fehlen zu den vorgegegenen Antworten die Fragen. Ergänze.*

EA

a) Frage: _____

_____

Antwort: Bürgerkrieg

b) Frage: _____

_____

Antwort: die „roten Truppen"

c) Frage: _____

_____

Antwort: die „Rote Armee"

d) Frage: _____

_____

Antwort: Die „weißen Truppen"

e) Frage: _____

_____

Antwort: die Alliierten

Kommandeure der „Weißen Armee"

Die Russische Revolution 1917
Klar strukturierte Arbeitsblätter für einen informativen Überblick — Bestell-Nr. 11 776

KOHL VERLAG

f) Frage: _____

_____

Antwort: die Zarenfamilie

g) Frage: _____

_____

Antwort: der Zar Nikolaus II.

h) Frage: _____

_____

Antwort: Ende 1920, spätestens 1922

i) Frage: _____

_____

Antwort: etwa 5 Millionen Tote

j) Frage: _____

_____

Antwort: die Herrschaft der Bolschewisten (= Kommunisten)

Truppen der „Roten Armee"

Die Russische Revolution 1917
Klar strukturierte Arbeitsblätter für einen informativen Überblick – Bestell-Nr. 11 776

KOHL VERLAG

Innenpolitik

Die neuen Machthaber in Russland gingen dazu über, ihr innenpolitisches Programm zu verwirklichen. Das den Großgrundbesitzern weggenommene Land wurde an die Kleinbauern verteilt. Damit wollten die Bolschewisten *(= Kommunisten)* die armen Bauern für sich gewinnen. Industriebetriebe, Bergwerke, Handelsunternehmen, Transportunternehmen (Eisenbahn), Banken wurden dagegen verstaatlicht, das heißt sie wurden mit den Worten der Machthaber „sozialisiert". Die staatlichen, aber auch die noch bestehenden privaten Unternehmen wurden verpflichtet, vorgegebene Leistungsnormen zu erfüllen. Die Polizei wurde durch eine sich hauptsächlich aus Arbeitern gebildete Miliz ersetzt. Volksgerichte wurden eingerichtet. Der Einfluss der Kirche im Staat und im Schulwesen wurde ausgeschaltet. Die Bolschewisten lehnten die Kirche ab. Heranwachsende (Kinder, Jugendliche) wurden im Sinne des Sozialismus unterrichtet und erzogen.

Regierungssitz Kreml in Moskau

Ende des Jahres 1920 erklärte Lenin, der Parteivorsitzender und Regierungschef war: „Kommunismus – das ist Sowjetmacht + Elektrifizierung des ganzen Landes". Zur Hauptstadt dieses Landes wurde Moskau bestimmt.

PA

Aufgabe 4: *Überlege dir fünf Fragen zum vorangehenden Text und schreibe sie auf der Rückseite auf. Gib danach das Blatt einem anderen Schüler zur schriftlichen Beantwortung.*

1. Frage: _____

Antwort: _____

2. Frage: _____

Antwort: _____

3. Frage: _____

Antwort: _____

4. Frage: _____

Antwort: _____

5. Frage: _____

Antwort: _____

Die Russische Revolution 1917 – Bestell-Nr. 11 776
Klar strukturierte Arbeitsblätter für einen informativen Überblick
KOHL VERLAG

Aufgabe 5: „Kommunismus – das ist Sowjetmacht + Elektrifizierung des ganzen Landes."

Was meinte Lenin wohl mit dieser Aussage?

EA

_____

_____

_____

_____

Aufgabe 6: *Fülle die Lücken in den Sätzen und trage die Begriffe in das Kreuzworträtsel ein. Die Buchstaben in den grau schraffierten Kästchen ergeben ein Lösungswort.*

EA

a) Wem wurde das den Großgrundbesitzern weggenommene Land gegeben?

b) Sie wurden unter anderem verstaatlicht.

c) Das mussten die staatlichen – aber auch die noch privaten Unternehmen – erfüllen?

d) Sie ersetzte die Polizei.

e) Diese Institution verlor ihren Einfluss z.B. im Schulwesen.

f) In diesem Sinne wurden die Heranwachsenden unterrichtet.

g) Diese Stadt wurde Hauptstadt der Sowjetunion.

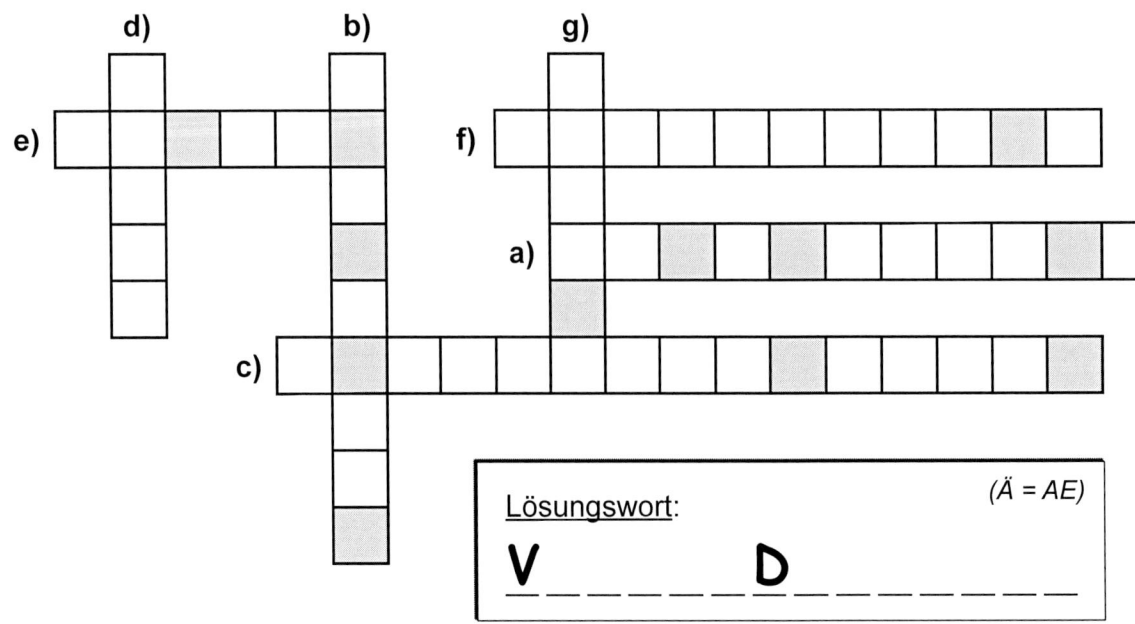

Lösungswort:

V _ _ _ _ _ _ **D** _ _ _ _ _ _ _ _

(Ä = AE)

Die Russische Revolution 1917 — Bestell-Nr. 11 776
Klar strukturierte Arbeitsblätter für einen informativen Überblick
KOHL VERLAG

Russland stabilisiert sich

Bildete sich Widerstand gegen die bolschewistischen *(= kommunistischen)* Machthaber, so wurde dieser in der Regel mit Waffengewalt niedergeschlagen; so erging es auch zahlreichen Kronstadter Matrosen 1921, die „Sowjets ohne Bolschewiki" gefordert hatten.

In den Jahren 1921 und 1922 kam es durch Auswirkungen des Bürgerkrieges, durch staatliche Forderungen und naturbedingte Missernten in Russland zu einer großen Hungersnot. Dies veranlasste die Staatsführung (Lenin) im Zuge der „Neuen Ökonomischen Politik" (NEP), die Bedingungen für die arbeitende Bevölkerung zumindest ein wenig zu lockern. Dies bedeutete für die Bauern weniger Abgaben, auch für andere Berufstätige mehr Selbstständigkeit und mehr Privatisierung. Dadurch erholten sich die Ernährungslage und die Wirtschaft. Um 1928 soll in der Sowjetunion in etwa der Produktionsstand des Landes wie unmittelbar vor dem 1. Weltkrieg erreicht worden sein.

1918 wurde auf Lenin ein Attentat verübt, das er jedoch überlebte. Ab 1922 hatte er mehrere Schlaganfälle, sodass er nicht regierungsfähig war und Anfang 1924 verstarb. Nach dem Tod Lenins gelang es Stalin, die kommunistische Führung in der Sowjetunion an sich zu reißen, mit brutaler Gewalt zu festigen und auszubauen *(= „Stalinismus")*. Ab 1928 wurde auch der Besitz der Kleinbauern in Staatsbesitz überführt. Staatsgüter wurden geschaffen, nämlich Kolchosen und Sowchosen. Während es in Kolchosen noch ein wenig Privatbesitz (Haus ...) gab, befanden sich Sowchosen ganz und gar im Staatsbesitz. Bestand in Russland in der Sowjetunion unter Lenin schon keine Demokratie (mit Elementen wie Gewaltenteilung, Meinungsfreiheit, Parteienvielfalt), so war dieser Staat während der Diktatur von Stalin (1924 bis 1953) noch weiter davon entfernt. Durch Unterdrückung der Bevölkerung, die auch schwer arbeiten musste, und durch zunehmende Industrialisierung stieg die Industrieproduktion der Sowjetunion stark an. Die Industrieproduktion der Sowjetunion belegte gegen Ende der dreißiger Jahre den zweiten Rang hinter den USA.

Stalin

EA

Aufgabe 7:   *Erkläre kurz folgende Begriffe mit deinen eigenen Worten.*

NEP ⇨ _____

„Stalinismus" ⇨ _____

Kolchosen ⇨ _____

Sowchosen ⇨ _____

Die Russische Revolution 1917
Klar strukturierte Arbeitsblätter für einen informativen Überblick   –   Bestell-Nr. 11 776

Außenpolitik

Den führenden Bolschewisten *(= Kommunisten)* – vor allem Lenin – kam es augenscheinlich zunächst mehr darauf an, die Herrschaft im eigenen Land zu festigen, als russische Gebiete zu behaupten oder sogar das Land weiter auszudehnen. So akzeptierte die (sowjet)russische Abordnung im März 1918 die im Friedensvertrag von Brest-Litowsk von den Mittelmächten (insbesondere von Deutschland) auferlegten Verpflichtungen. Russland musste demnach viele Gebiete abtreten (Ukraine, Finnland, Polen...), es verlor über 25% seines Territoriums, etwa 75% der Schwerindustrie ...

Aber dieser Friedensvertrag wurde schon bald durch die Alliierten *(= Ententemächte)* für ungültig erklärt, nachdem diese Ende 1918 den Ersten Weltkrieg gegen die Mittelmächte (Deutschland, Österreich-Ungarn, Türkei, Bulgarien) gewonnen hatten. Die sowjetrussische Regierung nahm aber dennoch die Unabhängigkeit von Staaten wie Polen, Finnland, Estland, Lettland und Litauen hin, deren Gebiete zuvor überwiegend zu Russland gehört hatten.

Deutsche Offiziere begrüßen die sowjetische Delegation mit Trotzki auf dem Bahnhof von Brest-Litowsk

EA

Aufgabe 8: *Bilde vollständige Sätze mit folgendem Anfängen:*

a) Aufgrund des Friedensvertrages von Brest-Litowsk ...

_____

_____

_____

b) Durch die Alliierten ...

_____

_____

c) Staaten wie Polen, Finnland, Estland, Lettland und Litauen ...

_____

_____

Die Russische Revolution 1917
Klar strukturierte Arbeitsblätter für einen informativen Überblick – Bestell-Nr. 11 776

KOHL VERLAG

Die Gründung der Komintern und der Vertrag von Rapallo

Nach der Machtübernahme durch die Bolschewisten *(= Kommunisten)* war und blieb Russland/die Sowjetunion zunächst außenpolitisch isoliert. Viele andere Länder lehnten Kontakte und die Anerkennung der bolschewistischen/kommunistischen Herrschaft ab. Dazu trug auch dies bei: Im Jahr 1919 wurde wesentlich auf Initiative von Lenin die Komintern *(= Kommunistische Internationale)* gegründet, um die Weltrevolution zu realisieren, den Kommunismus möglichst weltweit zu verbreiten.

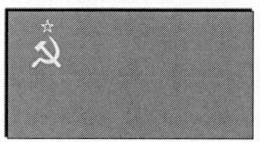

Werbeplakat zum Komintern-Kongress 1922

Mit der Zeit allerdings verbesserten sich allmählich die Beziehungen des Staates, der nun Sowjetunion hieß, und anderen Ländern. Dabei kam es zunächst in der Regel zu Handelsverträgen der Sowjetunion mit Nachbarstaaten. 1922 schlossen die Sowjetunion und Deutschland, das ein Verlierer des Ersten Weltkriegs war, und von den Siegermächten durch den Versailler Vertrag (1919) sehr bestraft worden war, den Vertrag von Rapallo ab *(Rapallo = norditalienischer Kurort in der Nähe von Genua)*.

In diesem Vertrag erkannten sich beide Staaten gegenseitig an und nahmen wieder diplomatische Beziehungen auf. Die zwei Staaten verzichteten gegenseitig auf Ansprüche, die durch den Ersten Weltkrieg entstanden waren. Sie vereinbarten wirtschaftliche und militärische Zusammenarbeit. Mitglied der im Jahr 1919 gegründeten internationalen Friedensorganisation Völkerbund *(= Vorläufer der UNO)* wurde die Sowjetunion erst 1934 *(zum Vergleich: Deutschland 1926)*. Zunächst hatte Russland/die Sowjetunion den Völkerbund als ein Bündnis kapitalistischer Staaten gegen den Kommunismus betrachtet.

Deutscher Reichskanzler Joseph Wirth (2.v.l.) mit den Vertretern der russischen Seite

Aufgabe 9: *Warum war Russland/die Sowjetunion nach der Machtübernahme durch die Bolschewisten außenpolitisch isoliert?*

EA

_____

_____

_____

_____

Die Russische Revolution 1917
Klar strukturierte Arbeitsblätter für einen informativen Überblick – Bestell-Nr. 11 776

KOHL VERLAG

Aufgabe 10: *Verfasse einen Kurzvertrag in deinen eigenen Worten. Benenne die wichtigsten Vereinbarungen des Vertrages von Rapallo zwischen Deutschland und Russland.*

EA

Aufgabe 11: *Wieso wurde die Sowjetunion erst 1934 Mitglied des Völkerbundes? Forsche auch im Internet näher nach, um diese beiden Fragen genauer zu beantworten.*

EA

Die Russische Revolution 1917
Klar strukturierte Arbeitsblätter für einen informativen Überblick – Bestell-Nr. 11 776

KOHL VERLAG

Meinungen über Lenin

Lenin war in seinem politischen Leben immer eine Persönlichkeit, die die Menschen in zwei Lager spaltete. Auf der einen Seite hatte er glühende Anhänger. Sie unterstützten seine Ziele und Absichten. Seine Idee von einem einheitlichen Russland unter der Führung der Bolschewisten sah folgendermaßen aus: Es sollten alle Menschen genügend zu Essen und Arbeit haben, auch wenn dies mit Zwang durchgesetzt werden und andere enteignet werden müssten. Demgegenüber standen seine Kritiker. Sie lehnten den Herrschaftsanspruch der Bolschewisten ab, da sie die diktatorischen Strukturen dieser Politik für unzumutbar hielten. Einzelne vertraten auch die Meinung, dass Arbeit nach seiner Leistung bezahlt werden solle und das Eigentum zu schützen sei. Nach seinem Tod 1924 wurde Lenin in der Sowjetunion verherrlicht. Noch heute ist Lenin als Leiche einbalsamiert in Moskau in seinem Mausoleum zu sehen. Über Lenin gingen und gehen die Meinungen jedoch weit auseinander ...

Lenin als Jugendlicher (ca. 1887)

Ein Gewalttäter

Ein großer Staatsmann

Ein Berufspolitiker mit positiven und negativen Seiten

Ein Träumer

Ein Held

Ein menschenfreundlicher Revolutionär

Ein Diktator

Ein Fanatiker einer Ideologie

Ein Terrorist

Ein Mörder

Ein Visionär

Unterschrift Lenins

Wladimir Iljitsch Lenin (1920)

Aufgabe 12: *Wie beurteilst du Lenin insgesamt gesehen? Schreibe deine Stellungnahme auf.*

Die Russische Revolution 1917
Klar strukturierte Arbeitsblätter für einen informativen Überblick — Bestell-Nr. 11 776
KOHL VERLAG

PA

Aufgabe 1: *Erklärt mit Hilfe der folgenden Bilder den Verlauf der gesamten Russischen Revolutionen.*

2

Erstürmung des Sitzes der Regierung Kerenskij in St. Petersburg

4

Lenin vor Soldaten der „Roten Armee" in Moskau

1

Zar Nikolaus II. mit seiner Familie

3

Lenin hält eine Rede

KOHL VERLAG   Die Russische Revolution 1917
Klar strukturierte Arbeitsblätter für einen informativen Überblick   –   Bestell-Nr. 11 776

Chronologische Zeitfolge

EA

Aufgabe 1: *Ordne die nachfolgend erwähnten Ereignisse den unten genannten Jahreszahlen richtig zu.*

- Beginn des 1. Weltkrieges
- Ende des 1. Weltkrieges
- Geburt Lenins
- Tod Lenins und Machtübernahme durch Stalin in der Sowjetunion
- Gründung der Sowjetunion
- Gescheiterte Revolution in Russland
- Februarrevolution und Oktoberrevolution in Russland
- Russisch-Japanischer Krieg
- Aufhebung der Leibeigenschaft in Russland
- Große Hungersnot in Russland
- Spaltung der Sozialdemokratischen Arbeiterpartei Russland in Menschewiki und Bolschewiki
- Bürgerkrieg in Russland

Chronologie	
1861	
1870	
1903	
1904 - 1905	
1905	
1914	
1917	
1918	
1917 - 1922	
1921 - 1922	
1922	
1924	

Die Russische Revolution 1917
Klar strukturierte Arbeitsblätter für einen informativen Überblick – Bestell-Nr. 11 776

KOHL VERLAG

EA

Aufgabe 2: *Schreibe auf, was du über die russischen Revolutionen von 1917 weißt.*

Die Russischen Revolutionen 1917

Die Russische Revolution 1917
Klar strukturierte Arbeitsblätter für einen informativen Überblick – Bestell-Nr. 11 776

KOHL VERLAG

Was ist eine (politische) Revolution?

Eine (politische) Revolution ist eine wesentliche Veränderung, man kann sagen ein Umsturz bzw. der Versuch, dies zu erreichen *(Revolution [lat.] = Umdrehung, Umwälzung)*. Der Umsturz(versuch) erfolgt meistens, jedoch nicht immer gewaltsam. Bei einer erfolgreichen Revolution erfolgt der Wandel plötzlich oder in relativ kurzer Zeit. Mit einer (politischen) Revolution ändert sich normalerweise die staatliche Ordnung. Ein neues System entsteht, andere Personen übernehmen die Staatsführung. Mit einer geglückten Revolution sind früher oder später oft auch wirtschaftliche und gesellschaftliche Veränderungen verbunden.

EA

Aufgabe 3: *Erkläre näher, inwiefern die Februarrevolution 1917 und die Oktoberrevolution 1917 jeweils Revolutionen waren.*

EA

Aufgabe 4: *Die russischen Revolutionen von 1917 – Segen oder Fluch für die russische Bevölkerung? Wie bewertest du die beiden Revolutionen? Notiere deine Meinung.*

Die Russische Revolution 1917
Klar strukturierte Arbeitsblätter für einen informativen Überblick – Bestell-Nr. 11 776

KOHL VERLAG

Nach der Revolution – ein Ausblick

EA

Aufgabe 5: **a)** *Setze die folgenden zehn Wörter im anschließenden Text als Satzanfänge ein.*

> Dagegen – der – meine – Ende – im –
> in – lange – laut – nach – stark

☐ _____ dem 1. Weltkrieg konnte sich das bolschewistische *(= kommunistische)* System nicht in anderen Ländern durchsetzen, auch nicht in Deutschland.

☐ _____ 1991 löst sich die Sowjetunion auf und Russland wurde wieder gebildet. Damit endete auch die fast 75 Jahre bestehende Herrschaft der Kommunisten im flächengrößten Land der Erde.

☐ _____ eigene Form des Kommunismus entwickelte sich mit dem Maoismus (benannt nach Mao Tse-Tung) in China.

☐ _____ Pressemitteilungen betrug 1987 der Anteil der sozialistischen/ kommunistischen Staaten etwas über 26% am Anteil aller bestehenden Länder.

☐ _____ Gegensatz zur Annahme von Marx wurden aber nicht hauptsächlich hoch industrialisierte Länder sozialistisch beziehungsweise kommunistisch, sondern ärmere Entwicklungsländer (in Afrika, Asien, Mittel- und Südamerika).

☐ _____ verbreitete sich der Kommunismus nach dem 2. Weltkrieg.

☐ _____ Anteil der Bevölkerung der sozialistischen/kommunistischen Länder an der gesamten Erdbevölkerung lag damals bei knapp über 32%.

☐ _____ der Zeit um 1990 löste sich auch das Bündnissystem der Ostblockstaaten auf. Ebenfalls in den anderen Ostblockstaaten hörte die Herrschaft des Sozialismus/Kommunismus auf.

☐ _____ beeinflusst, ja aufgezwungen durch die Sowjetunion übernahmen Kommunisten die Herrschaft in Ostblockstaaten wie u.a. Polen, Tschechoslowakei, Ungarn, Rumänien, Deutsche Demokratische Republik (DDR).

☐ _____ Zeit herrschte zwischen den kapitalistischen Westmächten (angeführt von den USA) und den sozialistischen/kommunistischen Ostblockstaaten (angeführt von der Sowjetunion) der „Kalte Krieg".

b) *Wie du sicherlich gemerkt hast, sind die Sätze nicht in der richtigen zeitlichen Reihenfolge. Korrigiere dies, indem du sie von 1 bis 10 durchnummerierst.*

c) *Schreibe den vollständigen Text in der richtigen zeitlichen Reihenfolge in dein Heft/in deinen Ordner.*

Die Russische Revolution 1917 – Bestell-Nr. 11 776
Klar strukturierte Arbeitsblätter für einen informativen Überblick

KOHL VERLAG

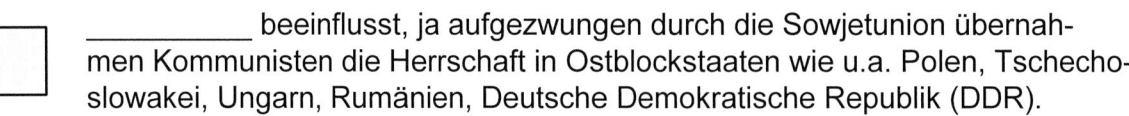
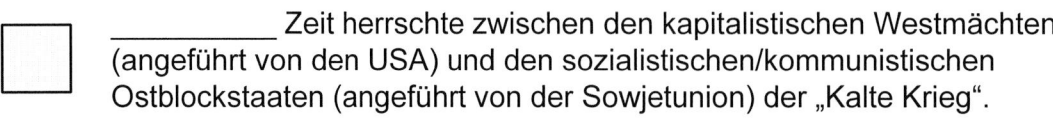

Zitate über den Kommunismus

„Kommunismus ist die Ausbeutung der Starken durch die Schwachen." (P.J. Proudhon)

„Was den Kommunismus auszeich-net, ...ist die Abschaffung des bürgerlichen Eigentums." (K. Marx)

„Der Kommunismus .....ist die Befreiung des Proletariats." (F.Engels)

„Der Kommunismus findet Zulauf nur dort, wo er nicht herrscht." (H. Kissinger)

Der Kommunismus ist ak-tueller denn je. (Verfasser unbekannt)

„Wer mit 20 kein Sozialist ist, hat kein Herz - wer es mit 40 noch immer ist, hat keinen Verstand." (W.Churchill)

„Der Kommunismus er ist nicht Liebe, Kommunismus ist der Hammer, mit dem wir den Feind erschlagen." (Mao Tse-Tung)

„Kommunisten und Nationalsozialisten stellen die mörderischsten Regime." (E.Weede)

„Kommunismus war eine Idee, ein Luftschloss." (B.Jelzin)

„Der Kommunismus ist eine großartige Theorie. Das Unglück be-steht darin, dass er sich in die Praxis umsetzen lässt." (E. Kishon)

Aufgabe 6: *Wie bewertet ihr diese Zitate? Welchen Zitaten stimmt ihr zu, welchen nicht? Überlegt euch selbst eigene Zitate zum Kommunismus und schreibt sie hier auf!**

! *Die Diskussion ist möglich in der Form eines „Fishbowls". In der Mitte des Raumes im Stuhlkreis wird über den Kommunismus diskutiert. Drumherum sitzen Personen in einem Stuhlkreis und hören zu. Wer nichts mehr sagen möchte, setzt sich in den großen Stuhlkreis. Wenn im kleinen Stuhlkreis Plätze frei sind, kön-nen Personen aus dem großen Stuhlkreis im kleinen Stuhlkreis Platz nehmen und mitdiskutieren.*

Die Russische Revolution 1917
Klar strukturierte Arbeitsblätter für einen informativen Überblick — Bestell-Nr. 11 776
KOHL VERLAG

<u>Was weißt du? – ein Quiz</u>

Die folgenden 24 Fragen können als ein beziehungsweise zwei Tests oder Arbeiten dienen. Eine andere Möglichkeit ist, die 24 Fragen in einem Quiz einzusetzen:

Im **Quiz** übernimmt eine Person (zum Beispiel der Lehrer) die Rolle des neutralen Spielleiters. Dieser stellt den Spielern/Teams die Fragen, überprüft anhand der Lösungen *(siehe Anhang)* die Antworten auf Richtigkeit und vergibt im Fall der richtigen Beantwortung Punkte. Die von den Spielern/Teams erzielten Punkte werden entweder an der Wandtafel bzw. auf einem Blatt Papier notiert.

<u>Vorschlag</u>: 2, 3 oder 4 Spieler/Teams spielen gegeneinander. Diese sind im Spiel abwechselnd an der Reihe. Wer dran ist, sucht sich eine Zahl von 1 bis 24 aus, die im bisherigen Verlauf des Spiels noch nicht genannt worden ist. Anschließend stellt der neutrale Spielleiter die Frage, die mit der ausgewählten Zahl nummeriert ist. Je nachdem, inwieweit die Frage richtig beantwortet worden ist, gibt es dafür entsprechend Punkte. Die je Frage maximal erreichbare Punktzahl ist hinter der formulierten Frage schriftlich vorgegeben. Spielsieger ist, wer schließlich die höchste Gesamtpunktzahl aufweist.

<u>Spielvariation</u>: Der neutrale Spielleiter stellt die Fragen in der durchnummerierten Reihenfolge beginnend mit 1, dann 2, danach 3 …

Die Russische Revolution 1917
Klar strukturierte Arbeitsblätter für einen informativen Überblick – Bestell-Nr. 11 776

KOHL VERLAG

1. *Wieso kam es 1905 in Russland zu einer Revolution? Was war das Ergebnis dieser Revolution?*

_____

_____

_____

_____

_____

_____

4 Punkte

2. *Wie war die Gesellschaft in Russland um 1913 gegliedert?*

_____

_____

_____

_____

_____

_____

_____

4 Punkte

3. *Nenne drei Ursachen der Februarrevolution (1917).*

- _____

_____

- _____

_____

- _____

_____

3 Punkte

Die Russische Revolution 1917
Klar strukturierte Arbeitsblätter für einen informativen Überblick — Bestell-Nr. 11 776
KOHL VERLAG

4. *Welche Staatsform bekam Russland durch die Februarrevolution (1917)?*
Wer übernahm die Regierung?

_____

_____

_____

2 Punkte

5. *Führe drei Dinge aus dem Leben Lenins bis Anfang 1917 an.*

• _____

• _____

• _____

3 Punkte

6. *In welche zwei Gruppierungen hatte sich im Jahr 1903 die Sozialdemokratische*
Partei Russlands getrennt?

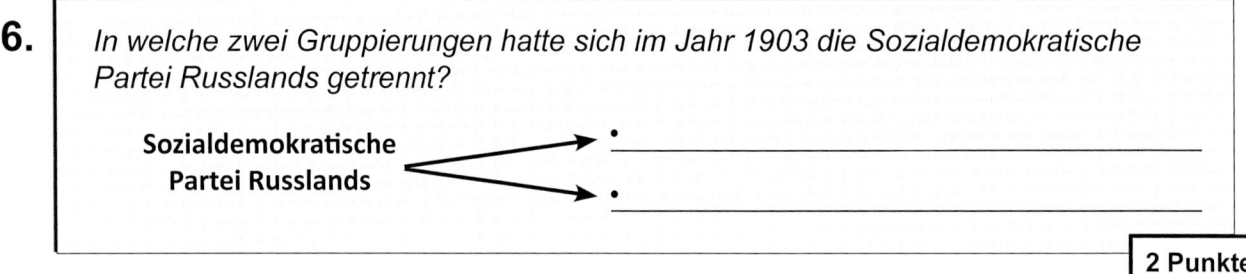

Sozialdemokratische
Partei Russlands

• _____

• _____

2 Punkte

7. *Mache drei Aussagen dazu, was der Marxismus besagt.*

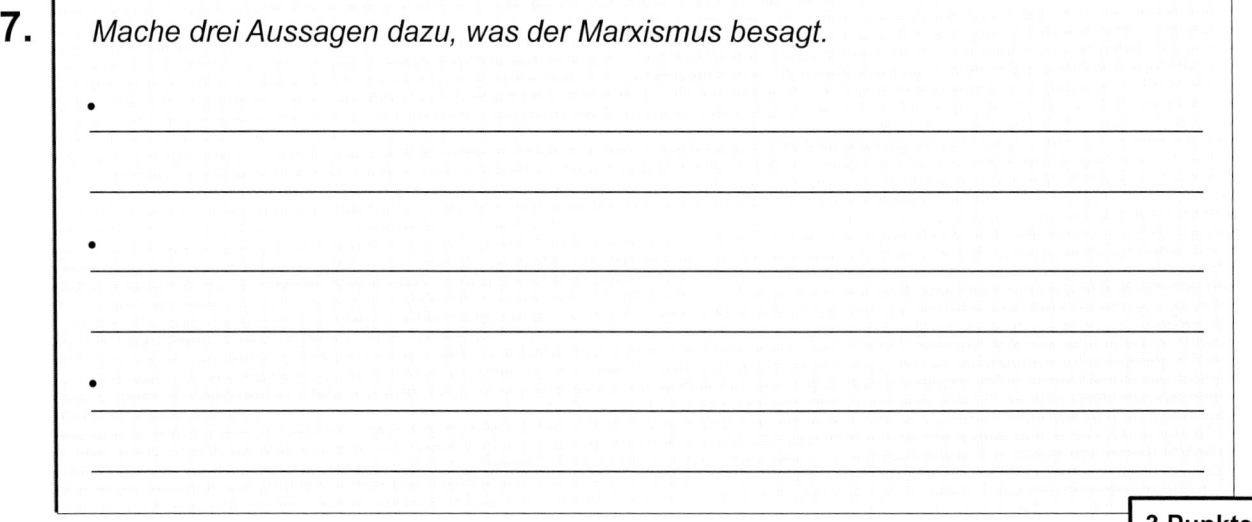

• _____

• _____

• _____

3 Punkte

Bestell-Nr. 11 776

Die Russische Revolution 1917
Klar strukturierte Arbeitsblätter für einen informativen Überblick   –

KOHL VERLAG

8. *Welche Meinung hatte Lenin zum Marxismus?*

_____

_____

_____

_____

_____

3 Punkte

9. *Nenne mindestens zwei Staaten, mit denen Russland im Ersten Weltkrieg verbündet war, und zwei Staaten, die Gegner Russlands waren.*

Verbündete: _____

_____

Gegner: _____

_____

4 Punkte

10. *Wie verlief der Erste Weltkrieg für Russland?*

_____

_____

_____

_____

_____

3 Punkte

11. *Erwähne drei Ereignisse, die in Russland im Zeitraum zwischen der Februarrevolution (1917) und der Oktoberrevolution (1917) stattfanden.*

• _____

• _____

• _____

3 Punkte

Die Russische Revolution 1917 – Bestell-Nr. 11 776
Klar strukturierte Arbeitsblätter für einen informativen Überblick

KOHL VERLAG

12. *Gib drei Gründe an, weshalb es zur Oktoberrevolution im Jahr 1917 kam.*

• _____

_____

• _____

_____

• _____

_____

3 Punkte

13. *Führe drei typische Parolen der Bolschewisten an.*

• _____

• _____

• _____

3 Punkte

14. *Was geschah während der Oktoberrevolution (1917) in Russland? Zähle die vier wichtigsten Ereignisse auf.*

• _____

_____

• _____

_____

• _____

_____

• _____

_____

4 Punkte

Die Russische Revolution 1917
Klar strukturierte Arbeitsblätter für einen informativen Überblick – Bestell-Nr. 11 776

KOHL VERLAG

15. *Nenne fünf Neuerungen, die die Bolschewisten nach der Machtübernahme in Russland einführten.*

- _____
- _____
- _____
- _____
- _____

5 Punkte

16. *Erwähne 3 Unterschiede zwischen der Februarrevolution (1917) und der Oktober-revolution (1917).*

Februarrevolution: _____

_____

_____

Oktoberrevolution: _____

_____

_____

3 Punkte

17. *Welche Rolle spielte Lenin bei der Oktoberrevolution (1917) und danach in Russland?*

_____

_____

_____

_____

_____

2 Punkte

Die Russische Revolution 1917 – Bestell-Nr. 11 776
Klar strukturierte Arbeitsblätter für einen informativen Überblick

KOHL VERLAG

18. Was passierte mit dem Zaren Nikolaus II. 1917, was 1918?

_____

_____

_____

_____

2 Punkte

19. Was besagte der Friedensvertrag von Brest-Litowsk (1918) für Russland?

_____

_____

_____

_____

_____

_____

3 Punkte

20. Welche Gegner bekämpften sich im russischen Bürgerkrieg? Wie endete dieser Bürgerkrieg?

_____

_____

_____

_____

_____

_____

3 Punkte

21. Welchen Namen bekam die Partei der Bolschewisten ursprünglich, welchen später? Welchen Namen erhielt Russland ?

_____

_____

_____

_____

_____

_____

3 Punkte

Die Russische Revolution 1917
Klar strukturierte Arbeitsblätter für einen informativen Überblick – Bestell-Nr. 11 776

KOHL VERLAG

22. *Welche außenpolitische Lage ergab sich für Russland durch die Oktoberrevolution (1917) und danach?*

_____

_____

_____

_____

3 Punkte

23. *„Stalinismus" – was ist damit gemeint?*

_____

_____

_____

_____

_____

2 Punkte

24. *Mache vier Aussagen zur weltweiten Entwicklung des Kommunismus bis heute.*

- _____

_____

- _____

_____

- _____

_____

- _____

_____

4 Punkte

Maximale Punktzahl	74 Punkte
Erreichte Punktzahl	

Die Russische Revolution 1917 – Bestell-Nr. 11 776
Klar strukturierte Arbeitsblätter für einen informativen Überblick
KOHL VERLAG

EA

Aufgabe 1: *Zähle auf, was du über die angegebenen Dinge weißt.*
Schreibe in dein Heft/in deinen Ordner.

a) Ursachen für die Revolution: ...

b) Durch die Februarrevolution 1917 ...

c) Durch die Oktoberrevolution 1917 ...

d) Die Bolschewisten waren ...

e) Der Zar ...

f) Die russischen Männer im Ersten Weltkrieg ...

g) Die „Roten Truppen" (= „Rote Armee") waren ...

h) Die „Weißen Truppen" waren ...

i) Wladimir Lenin war ...

j) Versprechungen der Bolschewisten: ...

Die Russische Revolution 1917
Klar strukturierte Arbeitsblätter für einen informativen Überblick   –   Bestell-Nr. 11 776

Lernen mit Zukunft
KOHL VERLAG

1 **Aufgabe 1:** a) Die Zaren ... herrschten in Russland autoritär und unterdrückten das Volk.
b) Offiziere versuchten 1825 ... in St. Petersburg einen Aufstand (= Putsch), der jedoch misslang.
c) Widerstand gegen die Zarenherrschaft ... konnte den eigenen Tod zur Folge haben.
d) Die Organisation „Land und Freiheit" ... ermordete den Zaren Alexander II. im Jahr 1881.
e) Der Zar Nikolaus II. ... hielt an der diktatorischen Herrschaftsform fest.

Aufgabe 2: Mehrere Jahrhunderte herrschten in Russland autoritär die Zaren. Sie erwarteten von den Untergebenen bedingungslosen Gehorsam. Wer sich zu widersetzen versuchte, musste mit dem eigenen Tod rechnen. Vereinzelte Versuche gab es, die Zarenherrschaft zu beseitigen. Doch letztlich blieb die Zarenherrschaft bestehen.

2 **Aufgabe 1:** - deutliche Niederlage Russlands im Krieg gegen Japan
- Hunger der Bevölkerung
- Unzufriedenheit wegen langer Arbeitszeiten und schlechter Bezahlung
- dem Volk fehlende Rechte wie z.B. Rede-, Versammlungsfreiheit, Wahlrecht ...

Aufgabe 2: Auslöser war der sogenannte „Blutsonntag" in St. Petersburg: Demonstranten wollten dem Zaren eine Bittschrift zur Verbesserung der Lebensbedingungen überbringen. Doch Soldaten des Zaren schossen auf die Demonstranten und töteten viele.

Aufgabe 3: In so manchen russischen Städten kam es zu Streiks und Aufständen. Auch auf dem Land ereigneten sich Unruhen. Doch letztlich waren die Aufständischen nicht genügend organisiert und ausgerüstet. Deshalb konnten die Soldaten des Zaren die Revolution niederschlagen.

Aufgabe 4: Notgedrungen versprach der Zar eine Verfassung für Russland und eine Volksvertretung (= Duma). Doch die Duma hatte nur wenig politischen Einfluss. Wiederholt löste der Zar die Duma auf. Durch den Einsatz von mehr Soldaten ließ der Zar die Revolution scheitern.

Aufgabe 5: Individuelle Lösungen.

Aufgabe 6: An diesem Sonntag kamen viele Menschen in Sankt Petersburg zusammen, um friedlich zu demonstrieren. Dabei wurden jedoch ca. 1000 unbewaffnete Demonstranten von Soldaten des Zaren erschossen.

3 **Aufgabe 1:** Die russische Gesellschaft war gegliedert. An der Spitze der Gesellschaft standen die Adeligen, die ca. 1,5% der Bevölkerung ausmachten. Darunter folgten die Großbürger mit etwa 4% Anteil an der Bevölkerung, anschließend die Kleinbürger mit rund 14%. Den weitaus größten Teil der Bevölkerung bildeten die Bauern. Fast die Hälfte der Bevölkerung in Russland waren kleinere Bauern und Landarbeiter. Der Anteil der Industriearbeiter an der Gesamtbevölkerung war mit ungefähr 5% relativ gering.

Aufgabe 2: Individuelle Antworten.

Aufgabe 3: Richtige Aussagen: **1.**, **4.**, **5.**,

Korrigierte Aussagen:

2. In Russland lebten ganz viele verschiedene Völker und Volksgruppen.
3. Durch die Aufhebung der Leibeigenschaft (1861) ging es vielen Bauern nicht wesentlich besser.
6. Zahlreiche Bauern und Fabrikarbeiter konnten nicht lesen, schreiben und rechnen.

Aufgabe 4: a) Widerstand; b) Herrschaft; c) Reformen; d) Russland; e) Staaten; f) Oppositionelle;
g) Nikolaus II.; h) Polizei; i) Sibirien; j) Ausland

4 **Aufgabe 1:** Mögliche Lösung:

Die Indstrialisierung in Russland dauerte im Vergleich zu Deutschland extrem lange und begann auch wesentlich später. Russland blieb zuerst überwiegend ein Agrarstaat. Die Industrialisierung wurde erst nach Lenins Tod zügiger vorangetrieben.

5 **Aufgabe 1:** Richtige Reihenfolge:

• 1870 geboren als Sohn eines Oberlehrers und einer Lehrerin
• 1891 abgeschlossenes Jurastudium
• 1895 Mitbegründer des Bundes für die Befreiung der Arbeiterklasse
• 1897 Verbannung für drei Jahre nach Südsibirien
• 1898 Heirat Lenins
• etwa 1900 Annahme des Namens Lenin
• ab 1900 Aufenthalt in verschiedenen Orten Europas
• 1903 Spaltung der Sozialdemokratischen Partei Russlands in die
  Bolschewiki und Menschewiki
• 1914-1917 Lenin lebt in der Schweiz

Die Russische Revolution 1917
Klar strukturierte Arbeitsblätter für einen informativen Überblick – Bestell-Nr. 11 776

KOHL VERLAG

Aufgabe 2: Individuelle Lösungen.

Aufgabe 3: Individuelle Lösungen.

Aufgabe 4: Individuelle Lösungen.

Aufgabe 5: Individuelle Lösungen.

Aufgabe 6: Individuelle Lösungen.

6

Aufgabe 1:
a) <u>In dieser Reihenfolge</u>: 8, 5, 6, 1, 9, 3, 7, 10, 2, 4

b) <u>Richtige Reihenfolge</u>:
Ebenso wie andere mächtige Staaten (Großbritannien, Frankreich, USA, Deutschland ....) verfolgte auch Russland unter dem Herrscher Nikolaus II. imperialistische Ziele, wollte also den Herrschaftsbereich aus dehnen. Russland erhob u.a. den Anspruch, die Führungsmacht der slawischen Völker zu sein und diese zu vereinen (= Panslawismus). Seit 1894 war Russland mit Frankreich verbündet, seit 1907 ebenfalls mit Großbritannien. Unter dem Zaren Nikolaus II. versuchte Russland nicht (genügend), den 1. Weltkrieg zu verhindern, sondern beteiligte sich aktiv am Krieg. Als Mitgliedsstaat der Alliierten (Großbritannien, Frankreich,...) kämpfte Russland im 1. Weltkrieg gegen die Mittelmächte (Deutschland, Österreich-Ungarn, Türkei, Bulgarien). Vor dem Ausbruch des 1. Weltkrieges stand Russland nach mehreren großen Streiks vor einem Volksaufstand. Jedoch entfachte der Beginn des 1. Weltkrieges in Russland beim Volk eine patriotische Stimmung und ließ im Land bestehende Probleme zunächst vergessen. Nach einigen militärischen Anfangserfolgen wurden die russischen Soldaten ab 1915 durch deutsche und österreichisch-ungarische Truppen mehr und mehr zurückgedrängt. Russland hatte viele Kriegstote und Verwundete zu beklagen, die Kriegsmüdigkeit sowie Kriegsunlust der russischen Soldaten nahmen mehr und mehr zu. Die Versorgung brach auch bei der russischen Bevölkerung zusammen, es kam in Russland Demonstrationen und Streiks.

Aufgabe 2:
a) Vor dem Ersten Weltkrieg war Russland bereits mit Frankreich und Großbritannien verbündet.
b) Gegner Russlands wie überhaupt der Aliierten waren die Mittelmächte Deutschland, Österreich-Ungarn, Türkei und Bulgarien.

Aufgabe 3: <u>Mögliche Lösung</u>:

Die Karte zeigt die Länder, die zu den beiden verschiedenen Bündnissen vor dem Ersten Weltkrieg gehörten. Zum Großteil sind es die Gegner, die sich im Krieg gegenüberstanden. Auf der einen Seite sind das während des Ersten Weltkrieges als die Ententemächte die Alliierten Russland, Frankreich, Großbritannien und Italien und als Mittelmächte die Länder Deutschland, Österreich-Ungarn, Bulgarien und Türkei. Im Verlauf des Ersten Weltkrieges schlossen sich immer mehr Staaten den Alliierten an.

7

Aufgabe 1:
a) manche hohe russische Adlige
b) der russische Mönch Rasputin
c) er hieß Zarewitsch Alekseji
d) er wurde ermordet

Aufgabe 2: Rasputin wurde durch adlige Verschwörer ermordet. Einige behaupten, auch der britische Geheimdienst wäre beteiligt gewesen. Der Grund dafür war: Rasputin hatte großen Einfluss auf die Politik des Zaren erlangt, da er sich persönlich dem Zaren als Freund und Wunderheiler präsentierte.

Aufgabe 3:
a) Arbeiter und Soldaten
b) ab Februar 1917
c) wegen mangelnder Lebensmittelversorgung, Kriegsmüdigkeit und Kriegsunlust
d) Er ließ durch Soldaten auf Aufständische schießen.

Aufgabe 4: Individuelle Lösungen.

Aufgabe 5:
a) die Bildung einer provisorischen Regierung unter der Leitung des Fürsten Lwow
b) aus Vertretern des (gehobenen) Bürgertums, abgesehen vom Justizminister Kerenskij
c) Der Zar und seine Familie wurden gefangengenommen.
d) Zar zu bleiben bzw. Zar zu werden.
e) ... zum ersten Mal eine Republik.
f) Sie setzte auf der Seite der Alliierten den Krieg gegen die Mittelmächte fort.

Die Russische Revolution 1917 Klar strukturierte Arbeitsblätter für einen informativen Überblick – Bestell-Nr. 11 776

7 **Aufgabe 6:** Lösungsvorschlag:

Zum einen bestand die eingesetzte provisorische Regierung unter dem Fürsten Lwow und übte die Herrschaft in Russland aus. Die provisorische Regierung wollte eine parlamentarische Demokratie schaffen. Im Weiteren hatten sich in Städten Arbeiter- und Soldatenräte gebildet, auf dem Lande Bauernräte. Auch die Räte *(= Sowjets)* besaßen Einfluss und Macht. In den Sowjets wirkten die gemäßigten Menschewisten und die radikalen Bolschewisten.

Aufgabe 7: Die provisorische Regierung plante Wahlen zu einem verfassungsgebenden Parlament durchzuführen. Im Weiteren beabsichtigte die provisorische Regierung den Ersten Weltkrieg fortzuführen, um den Krieg zu gewinnen.

Aufgabe 8: Mögliche Lösungen:

Amnesie, Meinungsfreiheit, Pressefreiheit, Vereins- und Versammlungsfreiheit sowie Streikrecht, Abschaffung von Einschränkungen, Vorbereitung einer konstitutionellen Versammlung, Miliz, Kommunalwahlen

Aufgabe 9: Individuelle Lösungen.

Aufgabe 10: a) Lösungsvorschlag:

1. In allen militärischen Einheiten sind sofort Komitees *(= Ausschüsse)* zu wählen, die sich aus gewählten Soldaten mit Mannschaftsdienstgraden zusammensetzen.
2. Der Rat der Arbeiter und Soldaten sowie seine Komitees (=Ausschüsse) haben in politischen Dingen den Oberbefehl über die militärischen Einheiten.
3. Befehle der militärischen Kommission der Staatsduma sind nur zu befolgen, wenn sie den Befehlen des Rates der Arbeiter und Soldaten nicht widersprechen.
4. Alle Waffen müssen sich in den Händen und in der Kontrolle der Komitees befinden. Offizieren dürfen keine Waffen ausgehändigt werden.

b) Individuelle Lösungen.

8 **Aufgabe 1:** a) Lenin lebte zuvor in der Schweiz.
b) Lenin kam über Deutschland und Schweden per Eisenbahn nach Petrograd.
c) Die deutsche Regierung und Heeresleitung ließen Lenin und andere Revolutionäre durch Deutschland reisen.
d) Die Verantwortlichen nahmen an, dass es dadurch zu größeren Unruhen in Russland kommen werde und dass Russland dadurch im Krieg gegen Deutschland gezwungen sein könnte zu kapitulieren.

Aufgabe 2: Lenin wurde ermutigt durch den Verlauf der Februarrevolution und die Bildung von Sowjets zurückzukehren. Dadurch sah er die Möglichkeit zu weiteren gesellschaftlichen und politischen Veränderungen in Russland gegeben.

Aufgabe 3: Lösungsvorschlag:

- „Alle Macht den Räten!"
- „Enteignung der Großgrundbesitzer"
- „Errichtung von „Musterwirtschaften"

Aufgabe 4: Individuelle Lösungen.

Aufgabe 5: - Demonstrationen durch Arbeiter und Soldaten gegen die Regierung unter dem Fürsten Lwow
- Rücktritt des Ministerpräsidenten Fürst Lwow, Nachfolger ist Kerenskij
- Scheitern des russischen Großangriffes an der Kriegsfront
- Wiedereinführung der Todesstrafe für Deserteure durch die Regierung Kerenskij
- Niederschlagung des Putschversuches des Generals Kornilow

Aufgabe 6: Individuelle Antworten.

9 **Aufgabe 1:** Lösungsvorschlag:

Der Krieg sollte unbedingt beendet werden. Es sollte Frieden geben. Die Bauern sollten Land bekommen. Alle Macht sollte den Räten (= Sowjets) gehören. Die sozialistische Weltrevolution sollte angestrebt werden.

Aufgabe 2: Individuelle Lösungen.

Aufgabe 3: Lösungsvorschlag:

- „Endlich mal jemand, der sich für uns einsetzt!"
- „Recht so, nehmt den Reichen endlich das Land weg, das eigentlich uns gehört!"

Die Russische Revolution 1917
Klar strukturierte Arbeitsblätter für einen informativen Überblick — Bestell-Nr. 11 776
KOHL VERLAG

10

Aufgabe 1: Richtig: Unter dem Begriff Sowjet versteht man
... einen gebildeten Rat von Arbeitern bzw. Soldaten.

Aufgabe 2: Lösungswort: RUSSLAND

Aufgabe 3: Individuelle Lösungen.

Aufgabe 4: Es war in Petrograd der 25.10.1917 nach dem russischen
Kalender (also der 7.11.1917 nach der im übrigen Europa
geltenden Zeitrechnung): Unter dem Befehl von Trotzki hielten
Truppen der Bolschewisten und zu ihnen übergelaufene militä-
rische Einheiten alle strategisch bedeutsamen Stellen der russischen
Hauptstadt besetzt. Dies waren die Telefonzentrale, alle Bahnhöfe,
wichtige Brücken, die Staatsbank, Kasernen ...
Gegen Abend hatten die Revolutionäre den Winterpalast des Zaren eingekreist, der der Sitz der provi-
sorischen Regierung unter dem Ministerpräsidenten Kerenskij geworden war. Geschütze der Peter-und-
Paul-Festung sowie mehrerer auf dem Fluss Newa in Stellung gegangener Kriegsschiffe wurden auf den
Winterpalast gerichtet.
Der Kreuzer Aurora gab mit einem Schuss das Signal zum Beschießen und Erstürmen des Winterpalastes.
Ein Teil der Verteidiger des Winterpalastes kapitulierte schon bald und zog ab. Nach Mitternacht erstürmten
Revolutionäre den Winterpalast. Die Aufständischen nahmen die anwesenden Mitglieder der provisorischen
Regierung fest, nicht jedoch Kerenskij, da dieser am vorherigen Tag geflüchtet war. Die Bolschewisten
verkündeten ihren Sieg und die Machteroberung.

Aufgabe 5: Der Winterpalast war der ehemalige Sitz des Zaren. Nach dem Sturz des Zaren war der Winterpalast zum
Sitz der provisorischen Regierung Russlands geworden.

Aufgabe 6:
- In Petrograd beteiligten sich ca. 300 000 Kämpfer an der Oktoberrevolution.
- Menschewisten und andere Oppositionelle verließen aus Protest gegen die Bolschewisten den zweiten
Russischen Sowjetkongress.
- Der Rat der Volkskommissare wurde gewählt.
- Lenin wurde Vorsitzender des Rates der Volkskommissare.
- Stalin wurde zuständig für nationale Minderheiten.

Aufgabe 7:
1 = Beschluss des Zentralkomitees der bolschewistischen Partei, eine Revolution zu wagen.
2 = Besetzung der wichtigen Stellen in Petrograd.
3 = Durch die Revolutionäre Einnahme des Winterpalastes, Verhaftung von Mitgliedern der provisorischen
Regierung.
4 = Bildung eines Rates der Volkskommissare auf dem 2. Allrussischen Sowjetkongress.
5 = Beschlüsse des Rates der Volkskommissare:
- baldigen Waffenstillstand im Krieg anstreben
- Enteignung der Großgrundbesitzer
- Versorgung der Bevölkerung mit Lebensmitteln

Aufgabe 8: Individuelle Lösungen.

Aufgabe 9: Individuelle Lösungen.

Crossword:
- a) MACH (vertikal: M A C H)
- b) PETRGAD (vertikal: P E T R G A D)
- c) BOLSCHEWISTEN
- d) PROVISORISCHE
- e) RVLUIO (vertikal: R V L U I O)
- f) TROTZKI
- g) MENSCHEWIST

11

Aufgabe 1:

Februarrevolution (1917)	Oktoberrevolution (1917)
• Streiks, Demonstrationen, Aufstände von Arbeitern und Soldaten gegen den Zaren und dessen Regierung	• Erstürmung des Winterpalastes in Petrograd (= zuvor bis 1914 Sankt Petersburg) durch Bolschewisten und deren Anhänger
• Bildung einer provisorischen Regierung unter dem Fürsten Lwow	• Flucht bzw. Verhaftung der Mitglieder der Regierung Kerenskij
• Festnahme der Zarenfamilie, Abdankung des Zaren Nikolaus II., Thronverzicht dessen Bruders Michail	• Tagung des Rätekongresses, in dem sich die Bolschewisten mit Verbündeten die Mehrheit verschafften
• Russland erstmals eine Republik	• Regierungsübergabe an den Rat der Volkskommissare, in dem Lenin den Vorsitz bekam.
• Durch die provisorische Regierung Kriegsfortsetzung Russlands auf der Seite der Alliierten im Kampf gegen die Mittelmächte	• Erklärung der Bereitschaft Russlands zum sofortigen Waffenstillstand und zu baldigen Friedensverhandlungen
• Absicht der provisorischen Regierung, Wahlen zu einem verfassunggebenden Parlament durchzuführen	• Verkündung der Enteignung der Großgrundbesitzer

Bestell-Nr. 11 776

Die Russische Revolution 1917
Klar strukturierte Arbeitsblätter für einen informativen Überblick

KOHL VERLAG
Lernen mit Erfolg

12 **Aufgabe 1:** Die Bolschewisten lösten die Nationalversammlung auf, in der sie aufgrund der Wahlen nur ca. 25% der Sitze innehatten. Der Rat der Volkskommissare unter dem Vorsitz von Lenin beschloss, eine Geheimpolizei (Tscheka) zu gründen, um politische Gegner zu kontrollieren und möglichst auszuschalten.

Aufgabe 2: Individuelle Antworten.

13 **Aufgabe 1:** Im russischen Bürgerkrieg kämpften die „roten Truppen" (die Anhänger der Kommunisten) gegen die „weißen Truppen" (Adlige, Generäle, Großgrundbesitzer, Bürger ...). Die „weißen Truppen" wurden von den Alliierten finanziell unterstützt und bekamen Hilfe von US-amerikanischen, britischen und französischen Soldaten.

Aufgabe 2: Die Bolschewisten befürchteten: Nach einem Sieg der „weißen Truppen im Bürgerkrieg" könnte der Zar in Russland wieder die Herrschaft übernehmen.

Aufgabe 3:
a) Was ereignete sich in Russland, nachdem sich Widerstand gegen die Herrschaft der Bolschewisten gebildet hatte?
b) Wie wurden die Truppen der Bolschewisten genannt?
c) Wie nannte man die „roten Truppen" sonst noch?
d) Wie bezeichnete man die Gegner der „roten Truppen"?
e) Wer unterstützte aus dem Ausland die „weißen Truppen"?
f) Welche Familie wurde 1918 durch ein Erschießungskommando der Bolschewisten hingerichtet?
g) Wer würde nach einem Sieg der „weißen Truppen" möglicherweise wieder die Herrschaft in Russland übernehmen?
h) Ab wann stand der Sieger im russischen Bürgerkrieg fest?
i) Wie viele Tote soll es im russischen Bürgerkrieg gegeben haben?
j) Welche Herrschaft stand nach dem russischen Bürgerkrieg fest?

Aufgabe 4: Individuelle Lösungen.

Aufgabe 6: Lösungswort: VERAENDERUNGEN

Aufgabe 7:
a) NEP = Neue Ökonomische Politik
b) Stalinismus = Herrschaft des Diktators Stalin (1924-1953)
c) Kolchosen = Staatsgüter mit ein wenig Privatbesitz (Haus…)
d) Sowchosen = Staatsgüter ohne Privatbesitz

Kreuzworträtsel:
d) MLIZ
b) BRGWERKE
g) M
e) K I R C H E
f) S O Z I A L I S M U S
a) K L E I N B A U E R N
c) L E I S T U N G S N O R M E N

Aufgabe 8:
a) Aufgrund des Friedensvertrages von Brest-Litowsk ... sollte Russland über 25% seines Staatsgebietes und ca. 75% der Schwerindustrie verlieren.
b) Durch die Alliierten ... wurde der Friedensvertrag von Brest-Litowsk für ungültig erklärt.
c) Staaten wie Polen, Finnland, Estland, Lettland und Litauen... , die zuvor überwiegend zu Russland gehört hatten, wurden unabhängig.

Aufgabe 9: Andere Länder waren nicht bereit, mit einem kommunistisch regierten und beherrschten Land Kontakte einzugehen. Sie befürchteten die Ausbreitung des Kommunismus, auch möglicherweise auf ihr eigenes Land. Die USA erkannte die Sowjetunion erst 1933 an.

Aufgabe 10: Mögliche Lösung:
• Deutschland und Russland erkennen sich gegenseitig an.
• Freundschaftliche Beziehungen werden aufgenommen.
• Beide Staaten verzichten auf Ansprüche aus dem Ersten Weltkrieg.
• Russland und Deutschland vereinbaren, wirtschaftlich und militärisch zusammenzuarbeiten.

Aufgabe 11: Die Sowjetunion hatte zunächst keine Ambitionen, in den Völkerbund einzutreten, da sie den Völkerbund als eine „antikommunistische Vereinigung" ansah. Erst als sich die Sowjetunion durch deutsche Aufrüstungsbestrebungen und die deutsch-polnische Annäherung bedroht fühlte, strebte die Sowjetunion die Aufnahme in den Völkerbund an, wozu es 1934 kam.

Aufgabe 12: Individuelle Lösungen.

14 **Aufgabe 1:** Individuelle Lösungen.

Die Russische Revolution 1917
Klar strukturierte Arbeitsblätter für einen informativen Überblick – Bestell-Nr. 11 776

KOHL VERLAG

15 **Aufgabe 1:**

Chronologie	
1861	Aufhebung der Leibeigenschaft in Russland
1870	Geburt Lenins
1903	Spaltung der Sozialdemokratischen Arbeiterpartei Russland in Menschewiki und Bolschewiki
1904 - 1905	Russisch-Japanischer Krieg
1905	Gescheiterte Revolution in Russland
1914	Beginn des 1. Weltkrieges
1917	Februarrevolution und Oktoberrevolution in Russland
1918	Ende des 1. Weltkrieges
1917 - 1922	Bürgerkrieg in Russland
1921 - 1922	Große Hungersnot in Russland
1922	Gründung der Sowjetunion
1924	Tod Lenins und Machtübernahme durch Stalin in der Sowjetunion

Aufgabe 2: Individuelle Lösungen.

Aufgabe 3: Die Februarrevolution 1917 und die Oktoberrevolution 1917 waren Revolutionen. Jeweils kam es zu wesentlichen Veränderungen in Russland. Durch die Februarrevolution 1917 wurde die Zarenherrschaft beseitigt. Eine provisorische Regierung übernahm die Führung des Staates. Eine parlamentarische Republik wurde angestrebt. Durch die Oktoberrevolution 1917 kam es in Russland zu noch weitaus mehr und stärkeren Veränderungen. Die Bolschewisten (= Kommunisten) übernahmen die Herrschaft. Sie enteigneten die Großgrundbesitzer ...

Aufgabe 4: Individuelle Lösungen.

15 **Aufgabe 5:** Richtige zeitliche Reihenfolge *(von oben nach unten)*: 1.; 9.; 4.; 6.; 5.; 2.; 7.; 10.; 3.; 8.

1. **Nach** dem 1. Weltkrieg konnte sich das bolschewistische *(= kommunistische)* System nicht in anderen Ländern durchsetzen, auch nicht in Deutschland.
2. **Dagegen** verbreitete sich der Kommunismus nach dem 2. Weltkrieg.
3. **Stark** beeinflusst, ja aufgezwungen durch die Sowjetunion übernahmen Kommunisten die Herrschaft in Ostblockstaaten wie u.a. Polen, Tschechoslowakei, Ungarn, Rumänien, Deutsche Demokratische Republik (DDR).
4. **Eine** eigene Form des Kommunismus entwickelte sich mit dem Maoismus (benannt nach Mao Tse-Tung) in China.
5. **Im** Gegensatz zur Annahme von Marx wurden aber nicht hauptsächlich hochindustrialisierte Länder sozialistisch beziehungsweise kommunistisch, sondern ärmere Entwicklungsländer (in Afrika, Asien, Mittel- und Südamerika).
6. **Laut** Pressemitteilungen betrug 1987 der Anteil der sozialistischen/kommunistischen Staaten etwas über 26% am Anteil aller bestehenden Länder.
7. **Der** Anteil der Bevölkerung der sozialistischen/kommunistischen Länder an der gesamten Erdbevölkerung lag damals bei knapp über 32%.
8. **Lange** Zeit herrschte zwischen den kapitalistischen Westmächten (angeführt von den USA) und den sozialistischen/kommunistischen Ostblockstaaten (angeführt von der Sowjetunion) der „Kalte Krieg".
9. **Ende** 1991 löste sich die Sowjetunion auf und Russland wurde wieder gebildet. Damit endete auch die fast 75 Jahre bestehende Herrschaft der Kommunisten im flächengrößten Land der Erde.
10. **In** der Zeit um 1990 löst sich auch das Bündnissystem der Ostblockstaaten auf. Ebenfalls in den anderen Ostblockstaaten hörte die Herrschaft des Sozialismus/Kommunismus auf.

Aufgabe 6: Individuelle Lösungen.

16 **Aufgabe 1:**

1. - deutliche Niederlage Russlands im Krieg gegen Japan
   - Hunger der Bevölkerung
   - Unzufriedenheit wegen langer Arbeitszeiten und schlechter Bezahlung
   - fehlende Rechte wie u.a. Redefreiheit, Versammlungsfreiheit, Wahlrecht
   (Der Zar gewährte wohl die Einrichtung eines Parlaments (= Duma), ließ die Revolution im Weiteren jedoch durch Soldaten niederschlagen.)

2. An der Spitze der Gesellschaft standen die Adligen gefolgt von den Großbürgern. Die weitaus größte Masse der Bevölkerung bildeten die Bauern. Fast die Hälfte der gesamten Bevölkerung waren Kleinbauern oder Landarbeiter. Der Anteil der Industriearbeiter an der Gesamtbevölkerung war mit ca. 5% noch relativ gering.

Die Russische Revolution 1917
Klar strukturierte Arbeitsblätter für einen informativen Überblick – Bestell-Nr. 11 776

KOHL VERLAG

16

3. - fehlende Lebensmittel, Hunger der Bevölkerung;
   - Kriegsmüdigkeit, Kriegsunlust der Soldaten;
   - Unterdrückung des Volkes durch die Herrschaft des Zaren;
   - ...

4. Russland wurde eine Republik. Die vorläufige Regierung wurde dem Fürsten Lwow übertragen.

5. - Beruf zunächst Rechtsanwalt, dann Berufspolitiker
   - verbannt nach Sibirien
   - lebte von 1914-1917 in der Schweiz

6. Bolschewiki (= radikal), Menschewiki (= gemäßigt)

7. Marxismus:
   - Die Geschichte der Menschheit ist eine Geschichte von Klassenkämpfen zwischen Besitzenden und Besitzlosen.
   - Die Kapitalisten behalten den geleisteten Mehrwert der Arbeiter für sich.
   - Es kommt zur Revolution und zur „Diktatur des Proletariats".
   - ...

8. Lenin bejahte den Marxismus. In Russland sah Lenin die Gelegenheit zur Revolution und „Diktatur des Proletariats" gegeben. Lenin ging es darum, Ideen des Marxismus in die Praxis umzusetzen.

9. Verbündete: Frankreich, Großbritannien, Serbien, Italien...
   Gegner: Deutschland, Österreich-Ungarn, Türkei, Bulgarien

10. Nach einigen militärischen Angangserfolgen wurden die russischen Truppen durch die Mittelmächte zurückgedrängt. Die Kriegsmüdigkeit und Unlust der russischen Soldaten wurden zunehmend größer.

11. Unter anderem:
    - Rücktritt des Ministerpräsidenten Fürst Lwow
    - Nachfolger = Kerenskij
    - Scheitern des russischen Großangriffes an der Kriegsfront
    - ......

12. - Kriegsmüdigkeit und Unlust der russischen Soldaten
    - schlechte Versorgungslage der russischen Bevölkerung
    - Unzufriedenheit der Bevölkerung mit der provisorischen Regierung
    - gezielte Vorbereitung der Revolution durch die Bolschewisten
    - .....

13. - „Schluss mit dem Krieg!"
    - „Alle Macht den Sowjets *(= Räten)*"
    - „Alles Land den Bauern!"
    - .....

14. - Besetzung wichtiger Stellen in Petrograd durch die Bolschewisten und Verbündete
    - Einnahme des Winterpalastes
    - Verhaftung von Mitgliedern der provisorischen Regierung
    - Bildung eines Rates der Volkskommissare unter dem Vorsitz von Lenin

15. - Enteignung der Großgrundbesitzer
    - zunächst Verteilung von Land an Kleinbauern
    - Verstaatlichung von Industriebetrieben, Eisenbahn, Banken ...
    - Bildung einer Miliz aus Arbeitern
    - Einrichtung von Volksgerichten
    - .....

16. Februarrevolution (1917): Beendigung der Zarenherrschaft, Bildung einer provisorischen Regierung, Anstreben einer parlamentarischen Demokratie ...
    Oktoberrevolution (1917): Absetzung der provisorischen Regierung, Machtübernahme durch die Bolschewisten; Ablehnung der Demokratie, radikale Umgestaltung

17. Lenin spielte bei der Oktoberrevolution (1917) und auch danach eine zentrale, ja die entscheidende Rolle in Russland. Er plante die Revolution und bekam zunächst den Vorsitz im Rat der Volkskommissare. Lenin wurde der mächtigste Mann im Land.

18. 1917 wurden der Zar und seine Familie gefangengenommen. Sie wurden 1918 durch ein Erschießungskommando der Bolschewisten hingerichtet.

19. Russland sollte als Verlierer des Krieges mehr als 25% seines Staatsgebietes abtreten und etwa 75% seiner Schwerindustrie abgeben.

20. Die „roten Truppen" der Bolschewisten kämpften gegen die „weißen Truppen". Schließlich siegten im Bürgerkrieg die „roten Truppen" und sicherten damit die Herrschaft der Bolschewisten *(= Kommunisten)*.

21. Die Partei der Bolschewisten wurde 1919 umbenannt in die Kommunistische Partei Russlands, später in die Kommunistische Partei der Sowjetunion (KPdSU). Aus Russland wurde die Sowjetunion.

22. Als kommunistischer Staat war das Land außenpolitisch weitgehend isoliert. Zahlreiche andere Länder lehnten zunächst Kontakte und die Anerkennung der Sowjetunion ab.

23. Mit dem Begriff „Stalinismus" ist die Herrschaft Stalins in der Sowjetunion von 1924-1953 gemeint. Durch seine diktatorische Herrschaft kamen sehr viele Menschen in der Sowjetunion um das Leben.

24. Lösungsvorschläge:
    - nach dem 1. Weltkrieg keine Verbreitung der kommunistischen Herrschaftsform in andere Länder
    - jedoch nach dem 2. Weltkrieg Ausbreitung des Kommunismus auf andere osteuropäische Länder
    - etliche Entwicklungsländer wurden kommunistisch
    - Ende der kommunistischen Herrschaft in den Ostblockstaaten um ca. 1990

Die Russische Revolution 1917
Klar strukturierte Arbeitsblätter für einen informativen Überblick – Bestell-Nr. 11 776

KOHL VERLAG

17 **Aufgabe 1:**

a) ... militärische Misserfolge Russlands im 1. Weltkrieg, schlechte wirtschaftliche und soziale Lage der Bevölkerung, absolutistische Staatsform in Russland, mangelhafte Einflussmöglichkeit der Volksvertretung (Duma).

b) ... wurde die Herrschaft des Zaren gestürzt. Russland wurde eine Republik. Eine vorläufige Regierung unter der Führung des Fürsten Lwow und ab Juli 1917 unter dem gemäßigten Sozialisten Kerenskij wurde gebildet.

c) ... übernahmen in Russland die Bolschewisten unter der Führung von Lenin die Macht und sicherten sich diese ab (auch durch Gewalt).

d) ... radikale Kommunisten. Sie lehnten die bürgerliche Demokratie ab und strebten eine Herrschaft der Arbeiterklasse („Diktatur des Proletariats") an. Bolschewiki (russisch): Mehrheitler.

e) ... während der Revolutionen örtliche Arbeiter- und Soldatenräte. Später wurde die Bezeichnung Sowjets auf staatliche und gesellschaftliche Organe in der UdSSR übernommen.

f) ... fehlten zu Hause als Haupternährer und Arbeiter. Viele waren bereits gefallen.

g) ... die Soldaten der Bolschewisten. Trotzki organisierte die Rote Armee, die sich innerhalb von 2 Jahren auf über 5 Millionen Soldaten vergrößerte.

h) ... die Gegner der „roten Truppen". Die „Weißen Truppen" wurden durch alliierte Truppen verstärkt, verloren jedoch den Bürgerkrieg gegen die „roten Truppen".

i) ... war der Führer der Bolschewiken.

j) ... Enteignung der Reichen, Aufteilung des Grund und Bodens unter der einfachen Bevölkerung.

Die Russische Revolution 1917
Klar strukturierte Arbeitsblätter für einen informativen Überblick — Bestell-Nr. 11 776

KOHL VERLAG